Martin Steffens

D1724212

K. F. SCHINKEL
1781 – 1841

Un arquitecto al servicio de la belleza

TASCHEN

HONG KONG KÖLN LONDON LOS ANGELES MADRID PARIS TOKYO

© 2003 TASCHEN GmbH
Hohenzollernring 53, D-50672 Köln
www.taschen.com

Si desea información acerca de las nuevas
publicaciones de TASCHEN, solicite nuestra
revista en www.taschen.com/magazine o
escríbanos a TASCHEN, c/ Víctor Hugo,
1°-2° dcha., E-28004 Madrid, España,
contact-e@taschen.com, fax: +34 91-360 50 64.
Nos complacerá remitirle un ejemplar gratuito
de nuestra revista, donde hallará información
completa acerca de todos nuestros libros.

Edición ▶ Peter Gössel, Bremen
Dirección de poyecto ▶ Swantje Schmidt, Bremen
Diseño y maqueta ▶ Gössel und Partner, Bremen
Traducción ▶ Vicky Santolaria Malo para
LocTeam, S.L., Barcelona
Edición y maquetación ▶ LocTeam, S.L.,Barcelona

Printed in Germany
ISBN 978-3-8228-2758-1

Ilustración pág. 2 ▶ Karl Friedrich Schinkel,
retrato realizado por Johann Eduard Wolff, 1820.
Ilustración pág. 4 ▶ Detalle del Altes Museum.

Índice de contenidos

Introducción

Página contigua:

Vista interior de la sala central del casino de Klein-Glienicke, en Wannsee (Berlín), 1824–1825.
Schinkel se encargó de la reconstrucción del castillo de Klein-Glienicke, propiedad del príncipe Carlos de Prusia. Para diseñar este casino, situado en el parque del castillo, se basó en una idea del príncipe heredero Federico Guillermo. El arquitecto participó activamente en las obras de reconstrucción de todas las casas solariegas de los príncipes prusianos.

Karl Friedrich Schinkel (1781–1841) dejó una huella imborrable en el panorama artístico de la primera mitad del siglo XIX (también conocida como «era Schinkel»), hecho que lo convierte, posiblemente, en el arquitecto más famoso de Alemania. No obstante, no trabajó solo como arquitecto, ya que también fue pintor, diseñador, escenógrafo, teórico de arte y máximo responsable de obras civiles y regias. En su persona se dieron cita las dotes creativas más diversas, que supo poner en práctica gracias a una inherente autodisciplina, un gran talento organizativo y una férrea voluntad. Como artista universalmente activo, llegó a ser considerado la autoridad suprema en todo lo referente al arte y el buen gusto, no solo en la por entonces Prusia, sino también más allá de sus fronteras.

La turbulenta situación política de la época seguramente también influyó decisivamente en la carrera artística de Schinkel y en su actividad en diversas disciplinas. Durante la ocupación napoleónica de Prusia (1806–1813), Schinkel trabajó básicamente como artista, ya que en ese momento no había contratos de obras. Tras la liberación prusiana, Schinkel alcanzó el estatus de «arquitecto del Estado», título que nunca ostentó oficialmente. Realizó casi todas sus obras durante el reinado de Federico Guillermo III (1797–1840), quien solía ejercer una influencia decisiva en los diseños de los edificios públicos del arquitecto. Schinkel también trabajó con regularidad para la familia real prusiana. Así, fue responsable activo de la remodelación y decoración del Palacio del Príncipe de Berlín y de las residencias de verano de los reyes. Tan solicitado estaba el arquitecto que llegó incluso a ser «prestado» a monarcas extranjeros. En ese sentido, diseñó proyectos como los palacios de Crimea y de la Acrópolis. Como miembro de la Oberbaudeputation, comisión de arquitectura de la que fue presidente a

Vista del casino de Klein-Glienicke desde la orilla del río, 1824–1825.
El casino, con sus terrazas y sus pérgolas, se abre hacia el río. El castillo se encuentra oculto en las profundidades del parque, a lo lejos. Así, lo primero que ve el viajero que se acerca por el río o por el puente de Glienicke procedente de Potsdam es la estructura cúbica del casino.

Diseño del monumento a Federico II dibujado por Friedrich Gilly, 1797.
El diseño realizado por Friedrich Gilly, amigo y profesor de Schinkel, despertó el deseo de este último de ser arquitecto cuando todavía iba a la escuela. Después fueron muchas las ocasiones en las que tomó como referencia elementos de las obras de Gilly.

partir de 1830, fue el responsable de todos los proyectos de obras religiosas y estatales importantes de Prusia. A él se debe también la introducción de programas para la conservación de monumentos y edificios históricos prusianos.

Karl Friedrich Schinkel nació en Neuruppin el 13 de marzo de 1781. Su padre fue superintendente de esta ciudad guarnición de la marca de Brandemburgo. En 1787, los Schinkel perdieron su casa en un catastrófico incendio que asoló la ciudad. El padre falleció poco después víctima de una neumonía y la madre de Schinkel se refugió con sus hijos en el hogar de las viudas de los predicadores. En 1794 decidió trasladarse a la capital, pensando sobre todo en la educación de sus hijos. Una vez en Berlín, Schinkel ingresó en un centro de enseñanza media, pero, salvo por ciertas dotes artísticas, era un alumno mediocre. A Schinkel le sobrevino la inspiración en su visita a la Exposición de la Academia en 1796. Entre las obras expuestas vio el diseño de un monumento a Federico II el Grande realizado por el arquitecto Friedrich Gilly. La impresión que le provocó fue lo que supuestamente lo impulsó a ser arquitecto. Schinkel se inspiró en el diseño de Gilly en sus obras posteriores, sobre todo en los planos que trazó para una catedral conmemorativa. El joven no tardó en abandonar el instituto para unirse a la familia Gilly y convertirse en su aprendiz de hecho. David Gilly, teórico de arquitectura y maestro constructor, sentó las bases de la formación de Schinkel. Friedrich, apenas nueve años mayor que Schinkel, se convirtió en su amigo y mentor. Copiando los dibujos que Friedrich Gilly había traído consigo a Berlín fruto de sus viajes de estudio, Schinkel se familiarizó con la arquitectura más moderna del momento. También participó activamente en las obras de construcción llevadas a cabo por los Gilly. Cuando Schinkel se matriculó en la recién fundada Escuela General de Arquitectura (la Academia de Arquitectura), ya tenía mucha experiencia en este arte. Durante su época de aprendiz se ocupó personalmente de los aspectos teóricos de todos los proyectos de construcción en los que trabajaría después como arquitecto. Y siendo estudiante ya diseñó decorados para escenarios y edificios públicos, como museos y teatros.

Tanto la madre de Schinkel como su amigo Friedrich Gilly fallecieron en 1800. El joven se encontró, de pronto, solo en el mundo. Abandonó la Academia de Arquitectura para finalizar los proyectos arquitectónicos que su amigo había iniciado. Apenas cuatro años después de su decisión de ser arquitecto había concluido su formación. Su primer trabajo independiente fue el templo de Pomona, un pabellón de té en Pfingstberg (Potsdam), realizado en 1801.

En 1803, Schinkel alcanzó la mayoría de edad y pudo así disponer de su pequeña herencia, que invirtió en un viaje de estudios de casi dos años de duración que lo condujo a Bohemia, Austria, Italia, Sicilia y Francia. En 1805 regresó a Berlín. Sin embargo, en esa época apenas se realizaban obras rentables en la ciudad, pues Prusia se estaba preparando para la guerra. Pero Schinkel seguía aprovechando la mínima oportunidad para hacerse un nombre como artista. Así, en 1805 participó en un concurso para diseñar un monumento en honor de Martín Lutero. Tras la derrota de Prusia ante el ejército napoleónico en 1806, se paralizaron las obras en todo el país. El joven y ambicioso arquitecto no tuvo la oportunidad de mostrar sus dotes hasta 1815, así es que hubo de desplegar su talento como pintor para ganarse la vida. Los esbozos realizados en Italia le sirvieron como base para crear unos panoramas generales y unas «perspectivas visuales» muy elaboradas, algunos de ellos descomunales y otros referidos a sucesos de la época (como el gran incendio de Moscú de 1812). Aunque Schinkel nunca había

Schinkel en Nápoles, retrato de Franz Louis Catel, 1824.
Este retrato se realizó durante el segundo viaje de Schinkel a Italia. El arquitecto aparece aquí en sus aposentos con vistas al golfo de Nápoles.

estudiado pintura, se convirtió en un artista reputado cuyas obras se exponían públicamente tanto en barracas como en salas alquiladas. También tuvieron éxito sus pinturas románticas de paisajes y estructuras arquitectónicas. Schinkel pudo sobrevivir y, poco después, incluso mantener una familia gracias a los ingresos que le reportaba la venta de sus cuadros y de entradas a sus exposiciones. En 1809 se casó con Susanne Berger, un matrimonio fruto del cual nacieron tres hijos. Poco más se sabe de su vida privada por su boca, y es que la persona casi siempre ocupaba un segundo plano con respecto al funcionario público y artista genial.

En 1809, Schinkel conoció a los reyes en una de sus exposiciones de dioramas. Poco después le consultaron acerca de la decoración de algunas de las estancias de la residencia real, el Palacio del Príncipe Heredero. Finalmente, en 1810 fue nombrado funcionario de obras públicas por recomendación de Wilhelm von Humboldt, por aquel entonces reformador del sistema educativo prusiano, que había conocido a Schinkel en Roma en 1803. Schinkel trabajó como funcionario de obras civiles y regias hasta el final de sus días. Ganaba dinero, pero sus ingresos no le permitían llevar un tren de vida lujoso. De todas formas, Schinkel nunca pretendió apartarse de las costumbres sociales para vivir como un bohemio o un vividor. Al contrario, daba la sensación de ser un trabajador incansable y de servir gentilmente al Estado y a la familia real. Aun así, dado el clima político desfavorable de la época, en sus inicios apenas tuvo oportunidad de llevar a cabo ninguna obra arquitectónica.

Panorama de Palermo, hacia 1808.
Con una perspectiva distorsionada, el grabado muestra el panorama construido por Schinkel delante de la catedral de Santa Eduvigis de Berlín. Tal vez se trate del diseño para un folleto publicitario.

Tras la muerte de la reina Luisa en el año 1810, Schinkel le diseñó un mausoleo. Aunque su proyecto no llegó a hacerse realidad, su gran talento quedó patente en los dibujos que se expusieron en la Academia. Durante los años de hegemonía francesa, Schinkel estuvo influenciado por el Romanticismo alemán. Sentía un gran interés por la arquitectura del gótico, considerado el estilo alemán de la época, y realizó diseños y pinturas arquitectónicos de edificios medievales. El deseo de Schinkel era crear un estilo alemán nuevo basado en el estilo gótico con alteraciones o «mejoras» de algunos detalles con el fin de conjugar la identidad nacional y el patriotismo.

Las primeras obras arquitectónicas realizadas por Schinkel tras la derrota de Napoleón en 1813 compartían, todas ellas, un cierto carácter «monumental». Aparte de su funcionalidad, el edificio de la Nueva Guardia y el puente del Castillo, por ejemplo, se diseñaron para conmemorar la victoria de Prusia. Una vez Schinkel se hubo ganado la confianza del rey con estas obras, recibió un sinfín de encargos para realizar diseños y proyectos arquitectónicos, así como ciertas tareas administrativas.

A partir de 1815, y bajo la influencia de Wilhelm von Humboldt, el estilo de Schinkel se fue orientando cada vez más hacia la cultura y la arquitectura griegas. En esta línea Schinkel reconstruyó la casa solariega de la familia Humboldt sita en Tegel. Las obras se llevaron a cabo entre los años 1820 y 1824, y el diseño incluía varias referencias al estilo griego clásico. Aunque posteriormente Schinkel diseñó numerosos edificios neogóticos –como la iglesia de Friedrichswerder o el castillo de Kamenz–, su interés apuntaba entonces hacia la arquitectura antigua. Schinkel pasó de ser romántico a ser un arquitecto clásico que dejó su huella en la nueva ciudad de Berlín, conocida entonces como la Atenas del río Spree. Su entusiasmo por la arquitectura clásica quedó reflejado en su cuadro *Vista del florecimiento de Grecia*, de 1825.

Aunque por aquel entonces Schinkel prefería recurrir a los ejemplos griegos clásicos en la realización de sus proyectos, mantenía un espíritu romántico y una imaginación desbordante que no admitían ningún tipo de limitación económica. Su deseo de crear grandes conjuntos arquitectónicos se manifestó en 1834 con el diseño, irrealizable, de un palacio real sobre la Acrópolis. Así pues, la visión artística de Schinkel no siempre apuntó hacia una arquitectura puramente racional y económica, aunque se suela representar como tal. Más bien era el rey quien se preocupaba de que los proyectos públicos fueran, por un lado, sólidos y, por otro, lo más baratos posible. No obstante, Schinkel también mostró un talento especial a este respecto, sobre todo para rediseñar edificios existentes con un presupuesto un tanto exiguo. Sus proyectos de reconstrucción nunca parecieron una reforma provisional. Por ejemplo, en el Teatro Nacional y el castillo de Charlottenhof no se percibe que Schinkel tuviera que conservar en su proyecto gran parte de la estructura antigua de los edificios.

Una de las mayores obras de Schinkel fue el Neues Museum, inaugurado en Berlín en 1830 y denominado Altes Museum ('Museo Antiguo') desde mediados del siglo XIX. Para Schinkel, su representativa fachada y su entrada debían ser el preludio del arte presentado en la zona de exposición. La construcción del museo tenía una importancia especial para Schinkel, ya que el arquitecto pretendía despertar un sentido del diseño en aquellos que lo visitaran. Como ocurría con sus decorados para escenarios y sus panoramas, disfrutar del arte también debía ser una experiencia edificante.

Obviamente, fueron pocos los proyectos que Schinkel pudo realizar sin ningún tipo de influencia externa. Su jornada laboral estaba marcada por una financiación insuficiente, los deseos de sus clientes y el hecho de tener que conservar estructuras existentes. La reconstrucción de la Academia de Arquitectura fue una excepción, y además importante. Tanto el cliente como el máximo responsable de obras públicas permitieron que Schinkel diera rienda suelta a su imaginación. Este edificio, acabado de construir en 1835, le permitió expresar libremente su especial interés por la arquitectura funcional y estética (las construcciones industriales le habían dado nuevas ideas durante su visita a Inglaterra en 1826). La Academia de Arquitectura fue un edificio radicalmente moderno en su época y propició que Schinkel fuera considerado el fundador de la arquitectura moderna. Pero hay otros diseños suyos que también resultaron sorprendentemente rompedores, como el proyecto de unos grandes almacenes en el bulevar Unter den Linden de Berlín.

Aunque Schinkel nunca impartió clases en ella (pese a su título de profesor), la Academia de Arquitectura también se conoce como Escuela Schinkel. El berlinés dejó su huella en la arquitectura alemana del siglo XIX como ningún otro arquitecto lo había hecho hasta entonces. Schinkel no perdía oportunidad de divulgar sus obras y sus opiniones sobre la arquitectura. Ya en 1804 pensó en revalorizar las arquitecturas medievales italiana y francesa, hasta entonces infravaloradas, con unas ilustraciones y textos que las acompañaran. Este proyecto editorial fracasó; sin embargo, constituyó la base para realizar estudios más exhaustivos para un libro de arquitectura en el que trabajó hasta el final de sus días, pero que quedó inconcluso. Ese libro de texto pretendía ser un compendio de sus conocimientos artísticos y técnicos, que estarían así al alcance de los estudiantes de arquitectura. Aparte de esto, Schinkel publicó sus dibujos y

Dos adornos murales, no fechados.
Schinkel no solo se encargaba de diseñar el mobiliario de sus construcciones, sino también los detalles de la decoración interior, como las telas de las habitaciones y los papeles de las paredes.

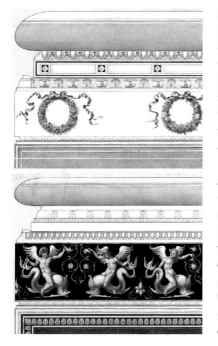

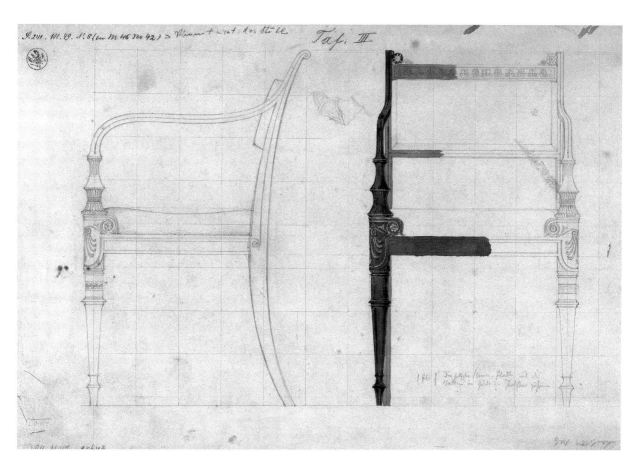

Sillón para el salón de la princesa María, diseñado por Karl Friedrich Schinkel y dibujado por Ludwig Lode, 1827.
Schinkel también diseñó muchos muebles; consultaba a especialistas para dibujar los detalles y llevar a cabo sus obras.

proyectos terminados en una colección de diseños comentados realizados de 1819 en adelante titulada *Sammlung Architektonischer Entwürfe* (Colección de diseños arquitectónicos). Sus esbozos revelan cómo quería Schinkel seguramente que se vieran y entendieran sus construcciones en aquella época. El manual y la colección de diseños son el legado artístico dejado por el arquitecto. No solo los proyectos de construcción de Schinkel, sino también sus pinturas, sus cuadros, sus muebles, sus equipamientos interiores y sus decorados constituyen algunos de los mejores ejemplos del arte del siglo XIX. Pocos artistas más han gozado de ese aura de genialidad que rodeó a Schinkel durante toda su vida. Ya antes de su muerte se escribieron las primeras biografías y apreciaciones de esta destacada personalidad artística. Pero su carisma no se desvaneció con su muerte: su influencia ha perdurado hasta el presente y le ha hecho ocupar un puesto especial en la historia del arte en Alemania y allende sus fronteras.

1800 · Templo de Pomona
Pfingstberg, Potsdam

Diseño del templo de Pomona, 1800.

Potsdam, al igual que el resto de Brandemburgo, fue una zona vitivinícola hasta entrado el siglo XX. Sanssouci, la famosa residencia de verano de Federico II el Grande, ubicada en el parque homónimo, se erigía sobre un viñedo aterrazado. También se plantaron viñas en el monte Pfingstberg, conocido como Judenberg hasta 1817, y en los jardines del lago Heiliger See. Como la altura del monte ofrecía una generosa vista de los alrededores, se había erigido allí un pequeño edificio ornamental llamado Templo de Pomon, en honor a Pomona, la diosa romana de las frutas de los árboles. En 1777, las viñas pasaron a manos de Samuel Gerlach, el director de la escuela de la ciudad de Potsdam. Y en 1787, este legó la propiedad a su hija, quien contrajo matrimonio con el consejero áulico Karl Ludwig Oesfeld.

Oesfeld planeó embellecer las terrazas de viñedos en 1800. Para ello se había de derribar el pequeño edificio ornamental, en ruinas, y construir un nuevo templo de Pomona en un punto un poco más elevado. Schinkel, que por entonces tan solo tenía 19 años, recibió el encargo de diseñar el pabellón, cuya ejecución fue llevada a cabo por un arquitecto local. En mayo de 1801 finalizaron las obras. Este se considera el primer edificio diseñado y ejecutado por Schinkel, puesto que tras la muerte de Gilly, Schinkel había terminado los proyectos iniciados por su amigo, pero no había podido llevar a cabo ninguno de sus propios diseños.

Aún hoy se conserva un dibujo de Schinkel con el diseño del pequeño templo. La parte del edificio que se abre a los viñedos está decorada con un pórtico con cuatro columnas jónicas. En realidad, salvo algunos pequeños detalles, el templo de Pomona se terminó siguiendo este diseño. Aparte de por su interior cuadrado, la obra se caracteriza por una terraza ubicada en la cubierta plana a la que se accede por unas escaleras construidas en la parte trasera del edificio. Protegidos por un toldo, los visitantes podían disfrutar de unas amplias vistas de los montes, ríos y lagos de los alrededores.

Vista del templo de Pomona. Fragmento de la imagen de un jarrón, Fábrica Real de Porcelana, 1837–1840.
El visitante podía disfrutar de unas magníficas vistas desde el templo de Pomona. Un toldo le protegía del calor de mediodía.

Página contigua:
Vista tras la reconstrucción.
Dañado durante la guerra y víctima del deterioro, el templo de Pomona fue reconstruido en el monte Pfingstberg en 1996.

1805 · Monumento a Lutero

Esbozo, 1817.
En la segunda fase del proyecto, Schinkel ya no se conformaba con crear una arquitectura a pequeña escala. Así, diseñó un espacioso edificio decorado con unas cuantas esculturas. Sus coetáneos decían que recordaba a las obras de Miguel Ángel.

Página contigua:
Boceto presentado a concurso para la construcción del monumento a Lutero, 1805.
El diseño de Schinkel para erigir un monumento a Lutero jamás llegó a ejecutarse. Sin embargo, sí se construyó su vestíbulo con el techo abovedado en el monumento al Congreso, en Aquisgrán, entre 1839 y 1844, aunque en otro contexto.

Schinkel se crió en una vicaría protestante, pero solo se pueden hacer especulaciones acerca del significado que tuvo para él la religión a nivel personal. No era un practicante ferviente, sin embargo su obra presenta en repetidas ocasiones unos claros visos religiosos. A su regreso a Berlín tras su viaje a Italia en 1805, Schinkel participó en un concurso para erigir un monumento a Martín Lutero convocado por una asociación cívica del distrito de Mansfeld, de donde era originario el reformador. Dado el origen familiar de Schinkel, el tema debió de interesarle. Por otro lado, el concurso le ofrecía una buena oportunidad para saltar de nuevo a la palestra tras su viaje al extranjero.

En el concurso participaron varios catedráticos de la Academia de Berlín, entre ellos Heinrich Gentz, antiguo profesor de Schinkel, y el escultor Johann Gottfried Schadow. Schinkel diseñó un vestíbulo con una sola bóveda, un arco de medio punto y una escalinata. El diseño poseía un toque clásico con sus pilares, sus capiteles, sus figuras y acroteras, si bien el interior daba paso a un ábside con una bóveda nervada. Las formas arquitectónicas de los estilos clásico y gótico se fundían aquí en un único diseño. El vestíbulo albergaba una estatua de Lutero. Unos nudosos robles alemanes enmarcaban el dibujo del monumento de Schinkel como símbolo del firme carácter «teutón» de Lutero. Ahora bien, el edificio no rendía homenaje propiamente al reformador, en cuyo honor tenía que erigirse el monumento (apenas unos años después, Schinkel lograría dominar este arte, como quedó reflejado en el mausoleo para la reina Luisa), por lo que su diseño fue desestimado. Schadow, que había diseñado una estatua monumental, fue quien recibió el encargo.

La ocupación francesa de Prusia interrumpió totalmente las obras del monumento de Mansfeld en 1806. En 1815, el rey Federico Guillermo III, patrocinador del proyecto, se hizo cargo de todo personalmente. Encargó a Schinkel, a Schadow y a Rabe, un inspector de obras, la presentación de nuevos diseños. Al igual que sucedió con el monumento conmemorativo de las guerras de Liberación, Schinkel incluyó muchas esculturas en su diseño arquitectónico. Sus coetáneos compararon el diseño de Schinkel con la ingeniosa obra de Miguel Ángel para el papa Julio II. Al rey también le impresionó el enorme talento de este «arquitecto designado», si bien opinó que a Schinkel había que «controlarlo». Habría costado una fortuna realizar su diseño, motivo por el cual perdió cualquier oportunidad de ser erigido. En su lugar, se adjudicó el proyecto a Schadow, cuya estatua se inauguró oficialmente en la plaza del mercado de Wittenberg en 1821. A Schinkel solo se le encargó crear el dosel de hierro fundido.

1810 ▸ Mausoleo para la reina Luisa

Jardines del castillo de Charlottenburg ▸ Berlín

Diseño de la fachada del mausoleo para la reina Luisa, 1810.

El rey dispuso que el mausoleo de su difunta esposa se erigiera al final de una oscura avenida llena de pinos. En contraste con ello, la construcción sepulcral, casi alegre, parece resplandecer desde su interior.

En 1810, la reina Luisa falleció repentinamente a los 34 años de edad. Sus súbditos lloraron su muerte amargamente. La reina se había convertido en una figura esperanzadora gracias a su valiente intento de mitigar las consecuencias de la guerra tras la derrota de Prusia reuniéndose personalmente con Napoléon. El rey Federico Guillermo III ordenó el levantamiento de un templo dórico como mausoleo para la reina. El mausoleo se construyó en los jardines del castillo de Charlottenburg, al final de una avenida bordeada de pinos. Schinkel participó en la realización del borrador del diseño de Heinrich Gentz.

Poco después de iniciadas las obras de construcción, Schinkel presentó en la Exposición de la Academia su propio contradiseño del mausoleo de Gentz. Como era imposible que se llevara a cabo, diseñó un edificio ideal: una capilla con una fachada neogótica rodeada de una frondosa vegetación arbórea. El vestíbulo con bóvedas de ojiva, al que se accedía por una escalinata, estaba revestido de exquisitos adornos. Cuatro delicados ángeles flotaban sobre unos esbeltos grupos de pilares. El vestíbulo daba paso a unos floridos diseños que poco tenían en común con el estilo gótico. Pese a su finalidad como mausoleo, el diseño de Schinkel resultaba en cierto modo alegre. El mausoleo parecía brillar desde su interior. Los esbeltos pilares sostenían una sucesión de bóvedas nervadas que confería al interior un aspecto de palmeral. El lugar del altar estaba ocupado por la tumba, rodeada de tres ángeles. La reina, aparentemente dormida, estaba representada como una santa mártir. Schinkel describía así el efecto buscado: «La luz atraviesa las ventanas formadas por tres hornacinas que rodean la última morada. Las sombras crepusculares atraviesan los cristales y tiñen con tonos rojos suaves toda la estructura, elaborada en mármol blanco».

A diferencia del mausoleo clásico finalmente construido, el diseño de Schinkel era acogedor. Pretendía «dar una visión alegre de la muerte, que solo la verdadera religión, el cristianismo auténtico, garantiza a sus devotos». El arquitecto creó una capilla cristiana gótica que más bien parecía un templo pagano clásico. Aparte de esto, Schinkel no quería que su mausoleo fuera un monumento conmemorativo privado. Al contrario, pretendía que todo aquel que lo deseAse pudiera acceder a él. «Este vestíbulo debería transmitir sensación de bienestar. Debería estar abierto a todo el mundo para elevar el ánimo a su amparo.» El monumento a la reina Luisa pretendía ser un símbolo de esperanza para el incipiente sentimiento patriótico y, al mismo tiempo, del renacimiento del estado tras la devastadora derrota a manos de Napoleón.

Schinkel consideraba el gótico un estilo patriótico. No obstante, no trató de copiar ningún edificio ya existente. La construcción y la belleza estilística causan un efecto novedoso en esta obra por su combinación con formas inventadas libremente. Schinkel estaba buscando un nuevo estilo nacional alemán en el que se diera el mismo énfasis a la tradición que a la invención artística. Aunque su visionario diseño del mausoleo no se llevó a cabo, Schinkel sí recibió el encargo de levantar un monumento a la reina Luisa en la plaza del mercado de Gransee en 1811.

Página contigua:
Diseño del interior del mausoleo para la reina Luisa, 1810.

1813 · *Catedral gótica junto al río*

Gotischer Dom am Wasser, pintura

Estudio para *Catedral gótica junto al río*, 1813.
Para representar correctamente la catedral
(ficticia), Schinkel diseñó una planta detallada
en la que basar la iglesia pintada.

Página contigua:
***Catedral gótica junto al río**, copia de Wilhelm
Ahlborn a partir del original realizado en 1813
por Karl Friedrich Schinkel, 1823.*

Puede que Schinkel fuera un pintor autodidacta, pero eso no quita para que personalidades de alto rango le encargaran cuadros. El atractivo de sus lienzos radicaba en una ejecución precisa y un clima romántico. Casi siempre pintaba edificios arquitectónicos en medio de paisajes románticos con unos protagonistas que no solo daban vivacidad a la escena, sino que además creaban el clima de la misma.

Entre otras cosas, Schinkel se inspiraba en los esbozos y dibujos que había realizado durante sus viajes. Pero su gusto por inventar y reconstruir edificios históricos o fantásticos también se refleja en sus pinturas. La mayoría de ellas las realizó antes de 1815, cuando apenas tenía trabajo como arquitecto. En esa época, destaca especialmente una etapa en la que pintó catedrales medievales. *Catedral gótica junto al río*, realizado en 1813, es uno de los cuadros más significativos de Schinkel. Aunque el original se perdió, se conserva una excelente copia del mismo.

El cuadro ilustra un atardecer en una ciudad medieval situada junto a un río; varias personas trabajan en la orilla del muelle, en primer plano. En la otra orilla, una serie de escalones monumentales conducen a la catedral, cuyos campanarios despuntan en el cielo. Al fondo se extiende la ciudad, en parte al sol y en parte a la sombra. Iglesias, casas de comerciantes, un gran viaducto e incluso un antiguo templo a orillas del río son testigos de la historia y la prosperidad de la ciudad. Sin embargo, el centro de atención sigue siendo la catedral, que apunta majestuosamente hacia el cielo vespertino, cubriendo el sol hasta tal punto que una parte parece ser una silueta y la otra estar iluminada por el atardecer.

La catedral del cuadro de Schinkel no es una copia de un edificio ya existente. Schinkel había estudiado detenidamente las catedrales medievales durante sus viajes, pero para este cuadro diseñó una nueva maravilla arquitectónica a partir de unos esbozos preliminares ejecutados con gran precisión. La intención de Schinkel no era mostrar solamente una ciudad. Al colocar la catedral coronando el conjunto del cuadro, creó una utopía arquitectónica y social. Para Schinkel, el estilo gótico también tenía tintes políticos: en el cuadro palpita la esperanza de una sociedad nueva y fortalecida alimentada por el pasado de Alemania. En su redescubrimiento del «viejo arte alemán», Schinkel se encontró en sintonía con el mundo emocional del periodo romántico. Caspar David Friedrich, que creó un ambiente similar en sus pinturas, fue un modelo a seguir para Schinkel.

Mappe XX. N.° 248. Blatt 105.

1814 · Monumento conmemorativo de las guerras de Liberación

Diseño para la Leipziger Platz ▸ Berlín

Monumento de Kreuzberg, Berlín, 1818–1821.
El monumento de Kreuzberg deriva del diseño de Schinkel para una catedral conmemorativa. Construido con hierro fundido, se erigió en el punto más elevado ante las puertas de Berlín. Los ángeles personifican las batallas de las guerras de liberación. La medalla de la Cruz de Hierro diseñada por Schinkel corona el monumento.

Página contigua:
Diseño de la catedral conmemorativa de las guerras de Liberación, 1815.
Para la catedral conmemorativa de la Leipziger Platz, Schinkel adoptó no solo el emplazamiento previsto por Gilly, sino también la base de su monumento a Federico el Grande. Este podio no era típico de los edificios góticos.

La victoria sobre Napoleón puso fin a la dominación extranjera de Alemania en 1813 y desencadenó una ola de patriotismo. La clase media prusiana pretendía unir los dispersos principados alemanes en un estado-nación. Ese afán también quedó reflejado en la planificación de monumentos nacionales, como el monumento de la batalla de las Naciones de Leipzig, o en el deseo de terminar la catedral de Colonia.

El rey Federico Guillermo III también proyectó un monumento en honor de la victoria, pero no en un lugar importante para toda la nación, sino en el centro del reino, en Berlín. En 1814, atendiendo a sus pinturas de catedrales medievales, se encargó a Schinkel el diseño de una catedral gótica conmemorativa. El proyecto de Schinkel iba mucho más allá de un sencillo diseño arquitectónico, ya que esta catedral era la culminación de reclamaciones y expectativas diversas. Iba a albergar oficios religiosos y conmemoraciones patrióticas de la victoria. Como escultura, iba a reflejar la victoria sobre Napoleón y a representar toda la historia de la nación. El principal objetivo de la catedral era despertar sentimientos de purificación en sus visitantes a través de su esencia artística y reforzar la moral de la sociedad. Sería necesario destinar todas las energías artísticas y económicas del Estado para llevar a cabo este proyecto. Schinkel esperaba que, como efecto secundario, mejorara la formación de los artistas y artesanos.

El diseño arquitectónico de Schinkel constaba de tres elementos: el gran campanario que sobresalía en lo alto con una aguja de filigrana, la nave y una enorme cúpula. Un inmenso podio –apenas concebible en el estilo gótico tradicional– elevaría el edificio por encima de la ciudad, lo que subrayaría su finalidad como monumento. Schinkel eligió el podio y el emplazamiento (el lugar previsto para su construcción era la Leipziger Platz) a partir del diseño de Friedrich Gilly para el monumento al rey Federico. El mensaje que iba a transmitir el edificio quedaba reflejado en la cúpula, sobre todo en su construcción exterior. En los contrafuertes del techo abovedado se iban a construir estatuas ecuestres de los gobernantes prusianos y estatuas de «héroes y hombres de estado del pasado y del presente». Unas esculturas en la zona de la cúpula superior simbolizarían el orden divino y, al mismo tiempo, legitimarían claramente la monarquía. Y unos escudos de armas y la Cruz de Hierro en la aguja constituirían una referencia a Prusia.

Schinkel proyectó construir estatuas de teólogos, eruditos y artistas (representantes del ámbito civil) en los pilares del interior de la nave. El podio albergaría los restos de los héroes de la nación, lo que aumentaría la «santidad del lugar».

La catedral de Schinkel nunca se llegó a construir, seguramente debido a sus elevados costes. Sin embargo, puede verse un reflejo de su diseño en el monumento de Kreuzberg inaugurado en 1823, donde el concepto de la catedral de Schinkel se llevó a la práctica, aunque a escala reducida, ya que únicamente la parte superior de la aguja se alza hacia el cielo de Berlín.

1815–1818 · Edificio de la Nueva Guardia
Neue Wache ▸ Unter den Linden, 4, Berlín

Página contigua:

Fotografía histórica tomada por Waldemar Tintzenthaler, 1902.
El cambio de guardia siempre atrajo a muchos curiosos. Los guardias tenían que permanecer de pie delante del edificio y saludar a los miembros de la familia real a su paso. El edificio estaba flanqueado por monumentos de generales famosos.

El diseño y la construcción del edificio de la Nueva Guardia entre los años 1815 y 1818 constituyó el punto de inflexión en la carrera de Schinkel. Tras sus primeros edificios antes de sus viajes a Italia, el de la Nueva Guardia fue la primera obra de envergadura que llevó a cabo Schinkel. El rey Federico Guillermo III siguió viviendo en el Palacio del Príncipe Heredero tras su acceso al trono, ya que no le atraía mucho el incómodo castillo barroco de sus antepasados. Frente a su residencia, entre la armería y la universidad, había un cuartel de artillería que, con el tiempo, se había convertido en un lugar poco vistoso. Para revalorizar los alrededores de su residencia, el rey ordenó la construcción de un nuevo edificio que incluyera también puestos de guardia y dormitorios para los soldados del primer regimiento.

En un principio, Schinkel tenía previsto erigir el edificio de la Nueva Guardia al final del castañar existente. Las *loggias* italianas del Renacimiento sirvieron como base para el vestíbulo proyectado con arcos semicirculares. La ubicación al final de una avenida guardaba parecido con el diseño del mausoleo para la reina Luisa. Al igual que el monumento a la reina, el edificio de la Nueva Guardia también tendría la función de monumento conmemorativo nacional, como un monumento a las guerras de Liberación.

Pero Federico Guillermo III desestimó el primer proyecto de Schinkel y exigió que el edificio de la Nueva Guardia se trasladara al principio de la calle, aunque solo fuera para poder verlo desde su residencia. Schinkel tuvo que realizar varios diseños antes de poder conciliar el papel de un monumento con el de una construcción con un verdadero uso práctico.

Según el propio Schinkel, el diseño se basaba en el de un castro romano. Las cuatro esquinas del edificio tenían forma de torre. La fachada principal estaba decorada con un pórtico con columnas dóricas y un frontón. Una escena de una antigua batalla en el tímpano reflejaría la victoria prusiana (la escena no se esculpió en el tímpano hasta después de la muerte de Schinkel). En lugar de los triglifos característicos de los

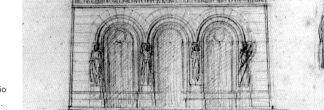

Boceto del edificio de la Nueva Guardia con un techo abovedado, 1815.
Schinkel realizó numerosos estudios para el edificio de la Nueva Guardia sito en el Unter den Linden. Concedió mucha importancia tanto al efecto arquitectónico como al uso de esculturas monumentales. Esta lámina muestra varios esbozos relacionados con el proyecto.

Aufriß Grundriß und Theile des neuen Wachtgebäudes.

Grundriß zur Veränderung des   *Berliner Rathhauses.*

Vista frontal.
Las esquinas del edificio de la Nueva Guardia
se diseñaron para evocar un castro romano.

templos dóricos, en el entablamento entre las columnas y el frontón se colocaron unas pequeñas diosas de la victoria diseñadas por Johann Gottfried Schadow. Pese al parecido general con las formas clásicas, Schinkel se apartó deliberadamente del estilo arquitectónico clásico al uso combinando elementos de la arquitectura romana y de la griega en su diseño para el edificio de la Nueva Guardia. El interior de la construcción era muy sencillo. Las dos plantas del interior del edificio se contradecían con el monumental exterior, al igual que lo hacía la planta asimétrica.

Delante del edificio de la Nueva Guardia y al otro lado de la calle se erigieron estatuas de generales famosos de las guerras de Liberación. Es más, Schinkel proyectó ampliar el bulevar Unter den Linden de Berlín y convertirlo en una *via triumphalis* flanqueada de estatuas. Sin embargo, lo único que quedó de este proyecto fueron las esculturas en el puente del Castillo.

Con el edificio de la Nueva Guardia, finalizado en 1818, Schinkel se consolidó como arquitecto. Con este diseño arquitectónico, logró un efecto monumental en un edificio relativamente pequeño. Por consiguiente, el rey le confió los proyectos de construcción más importantes de la capital prusiana durante las siguientes décadas.

Página contigua:
**Edificio de la Nueva Guardia: alzado, planta
y detalles arquitectónicos.**

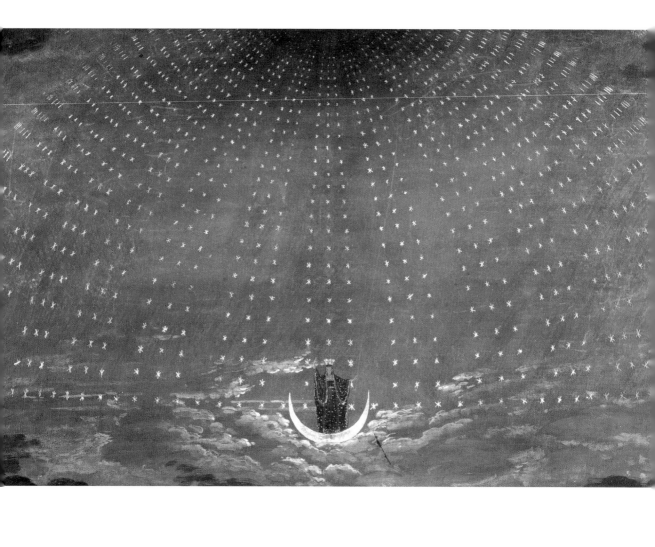

1816 · Decorados para *La flauta mágica*

Teatro Real de la Ópera ▸ Unter den Linden, Berlín

Página contigua:
Diseño de decorado para la ópera *La flauta mágica*, «El palacio de la Reina de la Noche», acto I, escena 4; 1815.
Seguramente la bóveda estrellada de la Reina de la Noche es el decorado más famoso de Schinkel. La propia reina aparece inmóvil sobre una luna creciente. Schinkel se inspiró para ello en las representaciones medievales de la Virgen.

Acuarela de Eduard Gärtner, hacia 1832.
La flauta mágica de Mozart se representó por primera vez en 1816 en el Teatro Real de la Ópera, construido por Georg Wenceslaus von Knobelsdorff entre 1741 y 1744. Schinkel había diseñado los decorados.

A Schinkel le entusiasmaba el teatro desde niño. En 1798 había diseñado ya sus primeros decorados. Sin embargo, no trabajó en proyectos teatrales hasta 1815. Para entonces ya tenía experiencia con sus «ilustraciones con perspectivas visuales», en las que unos fondos pintados ilusorios, una hábil iluminación y unas figuras en movimiento habían hecho que el observador tuviera la sensación de estar viendo un paisaje real. Schinkel trasladó estos principios de diseño a sus decorados teatrales y revolucionó así la escenografía.

El teatro barroco había intentado crear una mayor amplitud de espacio mediante decorados ingeniosamente superpuestos e ilusiones de perspectiva. Pero la perspectiva solo parecía correcta cuando se veía desde el palco real. Así pues, la mayoría de los espectadores tenían que soportar una visión reducida y molestas distorsiones. La construcción de Schinkel era, básicamente, más sencilla. Consistía en un fondo pintado en un lienzo fácilmente intercambiable mientras el resto del escenario permanecía inalterable. La luz y el color insinuaban, de manera simbólica, el espacio y el ambiente de la acción. Al igual que en el teatro básico, se evitaban las ilusiones ópticas superficiales. Esto se traducía en mejores vistas desde cualquier posición. Los decorados de Schinkel también eran más baratos y rápidos de cambiar.

Pero las escenografías de Schinkel no solo eran innovadoras técnicamente, sino que además sintetizaban de manera efectiva características visuales y arquitectónicas. Schinkel aplicó a sus diseños sus vastos conocimientos sobre la historia de la arquitectura y sus estilos. Aparte de su atractivo visual, sus decorados tenían un cierto atractivo propio del arte popular. Schinkel obtuvo un enorme éxito con sus creaciones; diseñó al menos 126 telones de fondo para 50 obras de teatro. Hoy en día aún pueden verse representaciones operísticas basadas en la escenografía de Schinkel.

Los diseños más famosos de Schinkel fueron los que realizó para la ópera de Mozart *La flauta mágica*. Compuesto de doce decorados, este fue también su mayor contrato de escenografía. El estreno tuvo lugar en el Teatro Real de la Ópera de Berlín, en el bulevar Unter den Linden, el 18 de enero de 1816, en conmemoración de la coronación de Federico I como primer rey de Prusia el 18 de enero 1701. El esfuerzo fue enorme, no solo por los gigantescos decorados pintados, sino también porque se tenía que levantar el carrete que permitiera desplegar los telones de fondo por completo. Las representaciones se convirtieron en un gran éxito popular y recibieron muchos elogios. No solo los fondos arquitectónicos de Schinkel cautivaron al público, sino también su esencia escénica y sus juegos de luces. El telón de fondo más famoso es el que se usó en la salida a escena de la Reina de la Noche. Esta aparece de pie sobre la luna creciente y con las estrellas del firmamento dispuestas en forma de bóveda. Otras escenas hacen más hincapié en el interés arquitectónico de Schinkel exhibiendo unas visiones arquitectónicas que también proporcionan un ambiente mezcla de fantasía y de reconstrucción arqueológica.

Diseño de decorado para *La flauta mágica*,
«El jardín del palacio de Sarastro», esfinge bajo
la luz de la luna, acto II, escenas 7–12; 1815.
Influenciada por el pensamiento masón, la ópera
de Mozart remitía a la cultura egipcia. Schinkel
representó las formas del Antiguo Egipto en
«El jardín del palacio de Sarastro» y otros decorados. Las construcciones como la esfinge o las
pirámides transportaban al espectador al exótico
país del Nilo.

**Diseño de decorado para _La flauta mágica_,
«Delante del mausoleo», acto II, escena 7; 1815.**
Además de los decorados pintados, los juegos
de luces desempeñaban un papel decisivo en los
escenarios de Schinkel. Las escenas nocturnas
o el sol naciente provocaban el asombro de los
espectadores.

1818–1821 · Teatro Nacional
Schauspielhaus · Gendarmenmarkt, Berlín

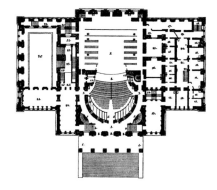

Planta del primer piso.
Las entradas, así como los vestíbulos y los guardarropas, se hallaban en el podio del edificio. El teatro en sí, con su auditorio semicircular, una sala de conciertos de dos plantas y otras salas, se encontraba en el piso de arriba.

Página contigua:
Vista frontal.
El Teatro Nacional de Schinkel, con su fachada a modo de templo y su monumental escalinata, sigue dominando la plaza de Gendarmenmarkt. El edificio, reconstruido tras sufrir los estragos de la guerra, ya no se usa como teatro, sino como sala de conciertos.

El Teatro Nacional construido por Carl Gotthard Langhans (el arquitecto de la puerta de Brandemburgo) en la plaza berlinesa de Gendarmenmarkt se erigió en 1801. El edificio se alzaba entre las iglesias de bóvedas simétricas de las comunidades alemana y francesa, ligeramente retranqueado. El teatro parecía bastante sencillo en ese entorno arquitectónico y los berlineses se burlaban del diseño de su tejado, con forma de «maleta» o de «ataúd».

Cuando el teatro, incluidos los cimientos, fue devorado por las llamas en 1817, muchos arquitectos se ofrecieron para reconstruirlo, pero fue Schinkel quien recibió el encargo de tan prestigioso proyecto. Su diseño no solo era convincente, sino que además combinaba la viabilidad, la belleza y una solución ignífuga de la manera más económica posible. El nuevo teatro iba a convertirse en «una obra de arte lograda en todos los aspectos en la que el exterior y el interior estaban en absoluta armonía». No era fácil que cumpliera todos los requisitos, sobre todo porque no era un edificio nuevo. Para minimizar costes se tenían que reutilizar las columnas y los cascotes que no habían sido pasto de las llamas. El rey pidió además que en el nuevo teatro se construyeran también nuevas bodegas, una especie de restaurante, una sala de conciertos y de banquetes, y un escenario de ensayos.

Schinkel supo satisfacer los deseos del monarca, si bien eso significó tener que reducir el tamaño del auditorio. El arquitecto optó por girar 90 grados el emplazamiento del vestíbulo, anteriormente ubicado al otro lado del edificio. En el espacio que quedaba libre fue ocupado por un vestíbulo de dos plantas en el norte y las salas adicionales requeridas en el sur. Eso dio lugar a tres partes diferenciadas, cuyas macizas paredes divisorias reducían el riesgo de incendio.

Se tuvo que reducir notablemente tanto el tamaño del teatro como el del escenario. Este último apenas medía doce metros de ancho. Schinkel intentó que la mayor cantidad posible de público del auditorio disfrutara de una buena vista y una buena acústica. Los tres anfiteatros se sostenían con unas columnas de hierro que, en la medida de lo posible, intentaban no tapar la vista. Se evitaron las superficies lisas. El pequeño tamaño de la sala y sus adornos escultóricos estaban concebidos para mejorar la acústica.

La sala de banquetes, en la parte sur, estaba decorada con columnas jónicas y esculturas ornamentales para crear un «carácter alegre», según palabras del propio Schinkel. El techo pintado, los bustos de compositores y los detalles decorativos revelaban la utilización del lugar como sala de conciertos.

Vistos desde fuera, el auditorio y el escenario compartían una cubierta común en forma de pirámide que despuntaba sobre el resto del edificio. La planta y el podio elevaban el teatro por encima de la arquitectura urbana, como si el edificio se hallara sobre un pedestal. Una escalinata conducía al pórtico columnado construido delante del auditorio. Al edificio se accedía a través del podio, así es que la única función de las escaleras era conferir al teatro un aire de dignidad como templo artístico. Así es exactamente como Schinkel quería que se viera el edificio. En el tímpano se presentaba a Apolo en un carro tirado por grifos. Las esculturas, los

relieves y las formas arquitectónicas hacían hincapié en los orígenes del teatro en la Grecia Antigua.

Schinkel utilizó un motivo arquitectónico de la tumba de Trasilo, el maestro coral de la Antigua Grecia, como el elemento básico del diseño de las paredes de su teatro, un diseño, por lo demás, poco común en la arquitectura clásica, ya que la fachada estaba articulada por pilastras. Los muros exteriores no parecían disponer de ventanas; más bien quedaban diluidos entre los soportes maestros y los pesados entablamentos. Solo las columnas del pórtico, que Schinkel hubo de conservar, constituían una excepción.

El Teatro Nacional quedó destruido durante la Segunda Guerra Mundial. El edificio no se reabrió como sala de conciertos hasta el año 1984. La estructura exterior se

Diseño del auditorio del Teatro Nacional de Berlín, 1818.
El diseño realizado por Schinkel para el auditorio se respetó en gran medida cuando el edificio fue reconstruido. La decoración se cambió después. Las pequeñas dimensiones de la sala y los adornos escultóricos estaban concebidos para mejorar la acústica.

reconstruyó, en gran medida, siguiendo el original, mientras que el auditorio no llegó a reconstruirse; en su lugar se erigió una copia ampliada de la pequeña sala de conciertos concebida por Schinkel. La estructura exterior del Teatro Nacional actual es la única parte del edificio que refleja las ideas arquitectónicas de Schinkel.

Sala de conciertos de dos pisos (destruida en 1945).

Basándose en la sala del Teatro Nacional original de Schinkel, cuyas dimensiones eran bastante reducidas, se reconstruyó una sala de conciertos central mucho mayor.

1821–1824 · Puente del Castillo

Schlossbrücke ▸ Unter den Linden, Berlín

Detalle del parapeto de hierro, diseñado en 1819 y realizado en 1824.
Las rejas diseñadas por Schinkel están decoradas con esculturas de criaturas marinas. El arquitecto expresaba así la función de este puente sobre el canal Kupfergraben de una forma más decorativa.

Página contigua:
Vista de la catedral y del Altes Museum desde el otro lado del puente.
El puente del Castillo, de 33 m de ancho y sustentado por tres arcos, cruza el foso del castillo, el canal Kupfergraben. En el pasado, las embarcaciones pasaban sin problema gracias a la existencia de un mecanismo basculante. Este insólito hito de la ingeniería y los elevados costes de esta construcción hicieron de este puente uno de los proyectos más importantes del Berlín de la época de Schinkel.

«Este puente de los Perros, como lo llaman, situado cerca de los edificios más bellos de la residencia, desvaloriza tanto esta zona que es preciso realizar un cambio acorde con los alrededores.» Ese fue el veredicto emitido por el rey Federico Guillermo III en la carta que envió a Schinkel en marzo de 1819. En ella le pedía que sustituyera el viejo puente de madera que conducía al castillo como prolongación del bulevar Unter den Linden de Berlín. Durante mucho tiempo había recibido el nombre de puente de los Perros por la jauría que acompañaba al elector al Tiergarten. Cuando se colocó la primera piedra en 1822, la nueva construcción pasó a llamarse puente del Castillo. El propio Schinkel ya había sugerido sustituir el estrecho puente por una estructura nueva acorde con el edificio de la Nueva Guardia. Esta sugerencia formaba parte de su proyecto de rediseñar los jardines en torno al castillo de Berlín.

En 1819 presentó su proyecto para crear un puente de piedra macizo que cruzara el foso de Kupfergraben y formara una calle de casi 33 m de ancho. Pero había un problema concreto para construir este magnífico puente y es que debía ser un puente levadizo para permitir el paso de las embarcaciones. Sin embargo, en sus dibujos el arquitecto no incluía los detalles técnicos para mover el puente. Schinkel dejó para la posteridad una presentación ideal de su puente del Castillo, que constituyó uno de sus proyectos más significativos en el Berlín de su época, aunque solo fuera por su elevado coste, de casi 400.000 táleros.

Pero el reto técnico y los altos costes no fueron los únicos que hicieron de este un puente importante. Pensando en ocho grupos escultóricos, Schinkel planeó elevar esta construcción con una funcionalidad práctica al estatus de monumento. Diseñó un guerrero desnudo acompañado de una diosa de la victoria para cada escultura. Al igual que en el edificio de la Nueva Guardia, Schinkel tenía pensado diseñar el puente como una construcción en conmemoración a los actos heroicos de las guerras de Liberación libradas pocos años antes. Cuando se colocó la piedra fundacional, anunció que las esculturas «iban a constituir para nuestros descendientes un maravilloso recuerdo de la lucha por la libertad y la independencia, que el rey y su pueblo consiguieron de forma tan gloriosa».

Mientras se estaba construyendo el puente (finalizado en 1824), el rey eliminó del proyecto las esculturas básicas para resaltar la importancia de esta estructura arquitectónica. Hoy en día solo podemos hacer especulaciones sobre cuáles fueron sus motivos, si lo hizo únicamente debido a su coste o debido al exagerado carácter burgués que habrían evocado las estatuas. Sin embargo, tras la muerte de su padre en 1840, Federico Guillermo IV, gran admirador de Schinkel, ordenó que se realizaran las esculturas. Las rejas de hierro fundido con tritones, caballitos de mar y delfines fueron los únicos adornos que se incluyeron en el puente en vida de Schinkel. Como él mismo explicó, estos debían «recordar a aquellos que cruzaran el puente que están por encima del mar», pese a la anchura de la calle.

1820–1824 · Castillo de Tegel

Schloss Tegel ▸ Adelheidallee, 19–21, Berlín

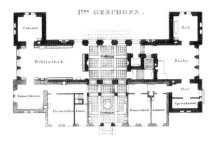

Plano de la planta baja.
El vestíbulo, reconocible por el revestimiento del suelo, se encuentra en el centro de la casa solariega. La antigua estructura que Schinkel debía mantener en su diseño aparece marcada con un color claro, mientras que la construcción nueva aparece con un tono más oscuro.

Vista del vestíbulo.
Cuando Schinkel reconstruyó la residencia, ubicó una sala de recepciones en la planta baja. Dos columnas dóricas dividen el vestíbulo decorado con obras de arte. En el centro se encuentra la antigua fuente de san Calixto.

Página contigua:
Vista de la fachada que da al parque.
El pequeño castillo de Tegel, de un color blanco radiante y provisto de cuatro torres, se encuentra inserto en un parque ajardinado. En él se entremezclan elementos de las villas italianas con formas arquitectónicas griegas y esculturas clásicas.

Schinkel conoció a Wilhelm von Humboldt en 1803, cuando este último era diplomático prusiano en el Vaticano. Humboldt y su esposa Caroline conservaron su amistad con Schinkel y la intercesión del ex diplomático influyó notablemente en el hecho de que el arquitecto obtuviera un empleo en el servicio público en 1810. En 1820, Schinkel recibió el encargo de reconstruir la casa de campo que los Humboldt tenían en Tegel. El conocido como castillo de Tegel se iba a convertir en la casa solariega del matrimonio.

La finca, situada en mitad de un bello paisaje, databa del siglo XVI. Antes de su reconstrucción era un edificio alargado de dos plantas provisto de una torre. La antigua edificación, de aspecto poco llamativo, debía convertirse en un edificio majestuoso, más aún cuando también se iba a abrir al público, puesto que estaba previsto exponer en él la colección de antigüedades que Humboldt había adquirido en Roma. Los ideales marcadamente humanistas del cabeza de familia y su afición por la cultura y el arte griegos fueron los factores decisivos para la planificación que Schinkel hizo de la nueva casa.

Schinkel ya había dado muestras de su gran talento para remodelar construcciones antiguas en el proyecto del Teatro Nacional. En Tegel también creó una obra asombrosa. Duplicó la superficie de la casa reutilizando los muros existentes. En las esquinas construyó cuatro extensiones de tres plantas e integró en el conjunto la torre existente. También levantó un tercer piso a modo de galería. Una vez finalizadas las obras en 1824, la construcción no solo presentaba la elegancia de las villas italianas con su radiante blancura, sino que también incluía motivos característicos de la Antigua Grecia. En las torres se colocaron relieves copiados de la torre de los Vientos de Atenas. Por un lado, la remodelación recordaba a los dueños sus años felices en Italia y, por otro, reflejaba «el ideal arquitectónico de una vida cultural intelectual», como escribió Andreas Haus en su obra *Karl Friedrich Schinkel als Künstler* (Karl Friedrich Schinkel como artista). Esto se ve claramente en el tipo de construcción –más villa que castillo–, así como en la articulación de los muros exteriores. Al igual que hizo en el Teatro Nacional, construido en la misma época, Schinkel se basó en el monumento de Trasilo para disponer

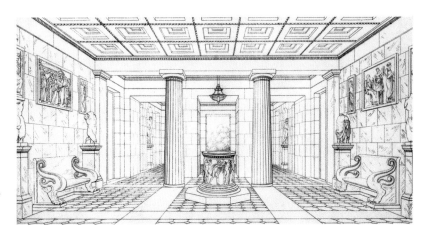

las pilastras de Tegel. Así, este castillo también se erigió para instruir a sus visitantes, aunque estuviera solo parcialmente abierto al público.

El diseño interior, que se mantiene casi intacto hoy en día, también respondía a esta exigencia. La destacada colección de antigüedades se hallaba en la entrada y en el vestíbulo del piso superior. Schinkel sustituyó el sólido muro original de la planta baja por dos columnas dóricas. En el centro de esta sala se hallaba la obra expuesta más importante, la antigua fuente de Calixto, cuya trasposición había sido autorizada por el propio Papa. En las paredes de sillares había antiguas esculturas y relieves. Al igual que hizo después en el proyecto del museo de Berlín, Schinkel colocó obras de arte antiguas cerca de columnas independientes de forma expresa. En el piso superior se exhibían esculturas de escayola antiguas. Unos pedestales giratorios permitían estudiarlas desde cualquier ángulo y bajo una luz cambiante. Así pues, en la casa de campo de los Humboldt se emplearon métodos modernos del diseño museístico, lo cual constituyó un anticipo a su posterior uso en el museo de Berlín. Esta construcción diseñada por Schinkel, con su colección de arte, sus muebles y su parque ajardinado, daba la impresión de ser una obra de arte habitable. Actualmente, el edificio y las instalaciones circundantes son de propiedad privada, de ahí que el acceso a algunas zonas esté restringido y se limite únicamente a ocasiones especiales.

Sala de antigüedades en el piso superior, fotografía tomada hacia 1935.
La colección de esculturas de Wilhelm von Humboldt recibió una atención especial en esta construcción. Las esculturas antiguas más importantes, en forma de modelos de escayola, se hallaban en la sala de antigüedades.

Wilhelm von Humboldt en su estudio,
obra realizada por un pintor anónimo hacia
el año 1830.
Humboldt también se rodeó de obras de arte
antiguas en su estudio. Para él, estas encarnaban
los ideales artísticos y sociales de la cultura griega.

**Estudio de Wilhelm von Humboldt en el castillo
de Tegel, fotografía tomada en 1910.**
Esta fotografía histórica muestra la sala con su
mobiliario original. Al fondo puede verse la famosa biblioteca del erudito, que, al igual que los
muebles, desapareció sin dejar rastro tras la
Segunda Guerra Mundial.

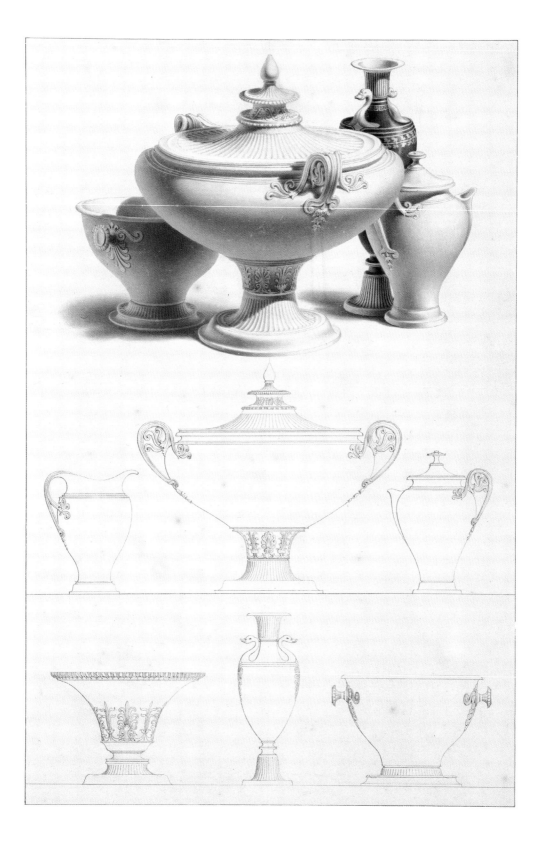

Diseños textiles, 1821.

En la tercera sección de la colección de ejemplos, Schinkel y Beuth incluyeron diseños textiles con una gran variedad de ornamentos y colorido.

Página contigua:

Dibujos de recipientes, 1821.

Las ilustraciones y los dibujos muestran las cerámicas diseñadas por Schinkel que los artesanos prusianos tomarían como modelo para sus propias obras.

A principios del siglo XIX, los artesanos prusianos se hallaban en una situación paupérrima. Tras la derrota contra Francia apenas recibían encargos, pero lo peor era que, desde hacía tiempo, carecían de una formación profesional sólida y moderna. La mayoría de los artesanos seguían introduciéndose en el oficio en empresas familiares técnicamente atrasadas, las cuales carecían de los avances tecnológicos de países industrializados que, como Inglaterra, luchaban por el progreso. Así pues, la producción local tenía pocas posibilidades de hacer frente a la competencia extranjera en lo que a calidad y diseño se refería. Además, existían serias trabas a las exportaciones. El Gobierno prusiano trató de paliar esta situación intentando introducir reformas radicales en el área comercial y artesanal.

Antes del año 1800, la Real Academia de las Artes ya había hecho algún intento de mejorar las condiciones productivas, como por ejemplo en la Fábrica Real de Porcelana. Entre 1804 y 1806 se suprimió la obligatoriedad de agremiarse, una medida que pretendía promover la formación de nuevas empresas privadas. También se trató de impartir una sólida formación científica y técnica a los artesanos.

Para llevar a cabo esta transferencia de tecnología, se fundó en 1810 la Comisión Técnica Real para el Comercio. Los ocho empleados de esta comisión estaban afiliados al Ministerio de Comercio prusiano. Peter Christian Beuth, amigo de Schinkel, fue nombrado su director en 1819.

Tomando como ejemplo la Escuela General de Arquitectura fundada en 1799, la Comisión Técnica creó en 1821 en Berlín la primera Escuela Técnica Superior de artesanos. Además de un laboratorio y talleres, la escuela también contaba con una colección de diseños y modelos, así como con una biblioteca y un departamento gráfico asociado a su disposición. En este centro se transmitieron un sinfín de nuevas ideas a una nueva generación de artesanos. El objetivo que se perseguía era que tanto artesanos como comerciantes produjeran nuevamente productos comercializables. Para ayudarlos no solo en el ámbito técnico, sino también inspirarles en el sentido estético, Beuth y Schinkel publicaron la colección de diseños *Vorbilder für Fabrikanten und Handwerker* (Ejemplos para fabricantes y artesanos) a partir del año 1821. Los dibujos a gran escala, cuidadosamente diseñados, se entregaban de uno en uno e iban acompañados de textos redactados conjuntamente por ambos editores. Bajo el auspicio del Estado, las hojas se distribuyeron de forma gratuita en bibliotecas, escuelas de delineantes, instituciones y artistas. La publicación no se completó hasta 1837. Beuth escribió con orgullo en el prólogo que «la obra ejecutada de este modo siempre será clásica y no dejará nunca de ser útil».

La publicación se dividía en tres apartados: 1. Formas arquitectónicas y otros elementos decorativos; 2. Objetos, recipientes y monumentos pequeños, y 3. Ejemplos de tejidos. Los ejemplos individuales incluían una extensa variedad de productos, materiales, técnicas y formas. Con estos diseños se podían fabricar recipientes de todo tipo, esculturas, tejidos, objetos metálicos para rejas, tarimas para suelos de madera, objetos de vidrio, arañas y armas decorativas. Por un lado, los ejemplos recomendados eran copias de obras de arte de la Antigüedad clásica y del Renacimiento. Por otro lado, Schinkel, el único artista contemporáneo, también incluía diseños propios, inspirados igualmente en el estilo clásico. Su intención era combinar los principios y la ética de la forma ideal (clásica) con los materiales y las técnicas de producción más recientes.

Sin embargo, no había que malinterpretar las intenciones de ambos editores. Su objetivo no era elevar a los artesanos a la categoría de artistas independientes. Al contrario, Beuth advertía a los artesanos «que no cayeran en la tentación de diseñar la obra ellos mismos, sino que imitaran fielmente, con diligencia y buen gusto las obras realizadas con anterioridad».

La influencia de Schinkel en la producción de las artes decorativas fue en aumento, sobre todo en el ámbito de la fundición de hierro. A diferencia de otros muchos sectores, la fundición prusiana de este metal, conocido en el exterior como *fer de Berlín* ('hierro de Berlín'), estaba muy desarrollada. Schinkel aprovechó las ventajas que ofrecía el hierro fundido –una gran estabilidad, unos bajos costes materiales y la posibilidad de una producción en serie– en sus propios diseños arquitectónicos, así como en sus productos comerciales de artes decorativas. Así, a partir de 1820, diseñó muebles de hierro para los jardines reales de Berlín y Potsdam, algunos de los cuales se siguen fabricando en la actualidad.

Mesa de hierro fundido (Fundición Real de Berlín), diseñada hacia el año 1830. Berlín era un importante centro de fabricación de hierro fundido, metal con el que se elaboraron muchos muebles. El diseño de esta mesa se atribuye a Schinkel.

Página contigua:
Trípodes antiguos procedentes de Herculano, grabado realizado por Johann Mathäus Mauch, 1821. Además de los diseños de Schinkel, la colección de ejemplos también incluía ilustraciones de la artesanía clásica que solía copiarse en el siglo XIX. El propio Schinkel recurrió a estos ejemplos.

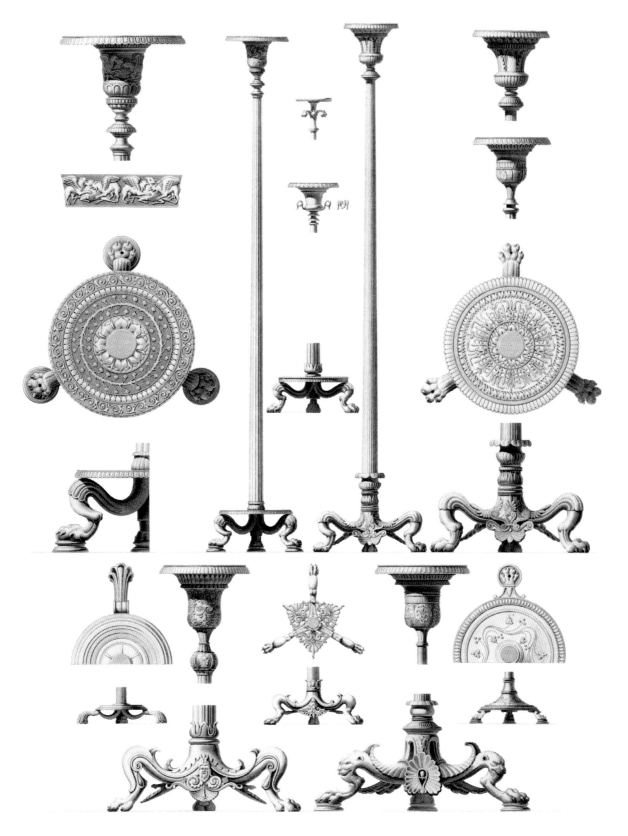

1823–1830 · Altes Museum
Lustgarten, Berlín

Página contigua:

Vista de la rotonda del Altes Museum.
Schinkel diseñó la sala central del museo basándose en el antiguo Panteón romano. Las esculturas clásicas especialmente valiosas se colocaron entre las columnas.

Vista desde el Lustgarten.
La monumental fachada principal del museo está dominada por 18 columnas jónicas. Una construcción cúbica oculta la cúpula de la rotonda.

La idea de erigir un museo en Berlín surgió en 1797. Las obras de arte hasta entonces ocultas en los castillos se iban a convertir en «una escuela de formación del gusto» bajo la forma de un museo de acceso público. Schinkel realizó sus primeros diseños de un museo en 1800. Sin embargo, su planificación no se hizo definitiva hasta pasado el año 1815. Napoleón se había llevado las obras de arte más importantes de Europa a París. Pero, tras su derrota, Berlín recuperó sus tesoros artísticos. Surgió así el ardiente deseo de exponer públicamente las obras recuperadas.

Schinkel presentó su diseño para el museo después de que el arqueólogo Alois Hirt hubiera presentado por fin los dibujos de una nueva construcción. El diseño arquitectónico de Schinkel superaba con creces el de Hirt, de modo que, en 1823, el rey encargó al primero la construcción de esta obra. El lugar escogido para la ubicación del museo fue el Lustgarten, el jardín de recreo situado frente al castillo. Utilizado como plaza de armas desde principios del siglo XVIII, el emplazamiento presentaba un aspecto más bien desolador. Schinkel sabía el significado que tendría esta ubicación para el desarrollo urbano. Así, apuntó: «La belleza de la zona será absoluta con la construcción [del museo], que cerrará esta antigua plaza de forma majestuosa». Con esta edificación se pretendía ampliar de manera ostentosa el centro representativo de Berlín.

El Altes Museum ('Museo Antiguo'), como pasó a llamarse a mediados del siglo XIX, ofrecía un aspecto impresionante con su enorme fachada. Un total de 18 columnas jónicas se erigían sobre un pedestal elevado formando una línea. Esta quedaba delimitada por dos pilares, uno en cada esquina. La monumental fachada mostraba una sencillez abrumadora. Solo las aberturas de las ventanas y la cornisa que bordeaba los otros tres muros exteriores insinuaban la existencia de un espacio interior de dos plantas.

En la entrada principal del edificio, había una enorme escalinata que conducía a un estrecho vestíbulo columnado. Tras una segunda fila de columnas, una escalera doble conducía a un gran descansillo que ofrecía unas magníficas vistas de todo el jardín hasta la iglesia de Friedrichswerder. Las fronteras entre interior y exterior quedaron desdibujadas: el museo se concilió como un auténtico espacio público. Estas escaleras fueron una de las creaciones más ingeniosas de Schinkel, ya que convertían la visita al museo en una auténtica ceremonia.

El museo se erigía en torno a dos patios interiores, en cuyo centro había una enorme rotonda que Schinkel diseñó basándose en el Panteón romano. La cúpula no solo servía como vestíbulo de recepción que conducía a las diferentes zonas de la colección. «El hecho de ver aquí un espacio bello y noble debe resultar placentero además de permitir reconocer qué contiene este edificio», apuntó Schinkel. Veinte columnas jónicas soportaban la galería circular. Entre las columnas se erigían estatuas antiguas que hacían del vestíbulo una brillante introducción a la colección del museo. La luz del día penetraba a través de un óculo situado en la gloriosa cúpula artesonada, igual que en el monumento romano. Unas ricas formas arquitectónicas y unos coloridos materiales dotaban al lugar de un carácter noble. Lograr que el visitante se empapara del ambiente era tan importante para Schinkel que el arquitecto dedicó aproximadamente una tercera parte de la superficie total del edificio a la rotonda y la escalera.

En la planta baja del museo había esculturas antiguas y modernas. El espacio se dividía en unidades más pequeñas mediante columnas. En el piso superior se emplearon tabiques para crear salas más pequeñas en las que los cuadros se exponían,

Vista del Lustgarten desde el descansillo superior de la escalinata, acuarela pintada por Michael Carl Gregorovius, 1843.
La escalera del museo constituye uno de los diseños constructivos más impresionantes de Schinkel. Los límites entre el interior y el exterior aquí se confunden. Las dos hileras de columnas y la posición elevada del observador ofrecen una vista interesante.

Vista sobre el río Kupfergraben, 1823.
En la orilla derecha puede verse la antigua catedral reconstruida por Schinkel. Junto con el castillo y el museo, delimitaba el recinto arquitectónico del Lustgarten.

apretadamente, agrupados por escuelas de pintura. A diferencia de la rotonda, las salas de exposición no estaban dispuestas siguiendo propósitos representativos. Servían como verdaderos lugares de estudio. El museo abrió sus puertas el 3 de agosto de 1830, día en el que Federico Guillermo III cumplía 60 años. Fue sin duda el museo más moderno de Europa en su época.

Originalmente también formaban parte del diseño museístico del arquitecto una extensa serie de frescos que ilustraban temas de «la historia cultural de la humanidad», como dejó escrito Schinkel en una nota de 1823. Estas pinturas ya aparecían mencionadas en sus primeros diseños. Entre 1828 y 1834, Schinkel elaboró seis dibujos detallados que mostraban la evolución de la humanidad y sus virtudes. Para ello empleó varios motivos procedentes de la mitología antigua. Pero, al igual que sucedió con las esculturas del puente del Castillo, la serie de frescos no se pintó hasta después de la muerte de Schinkel. Los trabajos en los frescos diseñados por el arquitecto se prolongaron hasta 1855 bajo la dirección de Peter Cornelius. Posteriormente se pintaron otras ilustraciones en las demás paredes siguiendo el estilo de Schinkel. Los frescos pretendían ordenar los logros culturales de la humanidad dentro de un contexto mayor de la historia intelectual que se exponía en el museo. La mayoría de las pinturas murales quedaron destruidas durante la Segunda Guerra Mundial y no fueron sustituidas cuando se reconstruyó el edificio. Apenas sobrevivieron unos fragmentos. La distribución interior también se modificó después de 1945.

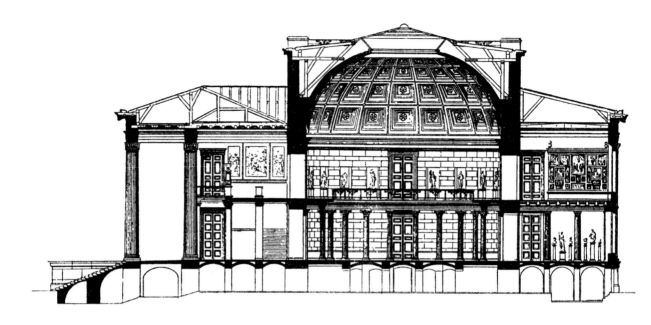

Arriba:

Sección transversal del edificio.

La rotonda y la enorme escalera ocupan, junto
con las pinturas murales de Schinkel (a la
izquierda), una parte importante de la superficie
total del museo. En las alas situadas alrededor
de los patios interiores se exponen pinturas
y esculturas.

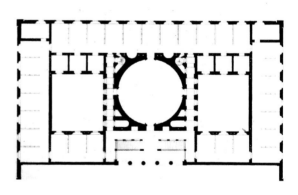

Derecha:

Planta de la planta baja y del piso superior.

Las dos plantas principales del museo estaban
diseñadas para albergar pinturas y esculturas.
Los cuadros se hallaban repartidos en pequeñas
salas en el segundo piso, mientras que las esculturas se exponían en la planta baja en una sala
dividida simplemente por columnas.

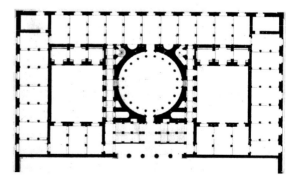

Página contigua:

**Vista de la columnata, fotografía tomada
en 1915.**

La monumentalidad del vestíbulo columnado es
una clara muestra del significado que Schinkel
confería al arte. En esta fotografía todavía pueden
verse las pinturas murales de Schinkel. Estas pinturas sufrieron importantes daños durante la
Segunda Guerra Mundial y después se retiraron.

1824–1828 · Residencia del príncipe heredero
Castillo de Berlín ▸ Schlossplatz, Berlín

El príncipe heredero Federico Guillermo (coronado en 1840 como Federico Guillermo IV), en su despacho del castillo de Berlín, hacia 1846; pintura realizada por Franz Krüger.
El príncipe heredero Federico Guillermo IV diseñó su propia residencia en el castillo de Berlín con la ayuda de Schinkel. Las salas importantes de estilo medieval y barroco se conservaron intactas, mientras que a otras piezas se les confirió un estilo clásico.

Página contigua:
Vista oeste del salón de té, hacia 1830, acuarela anónima.
El toldo pintado en el techo y las plantas verdes ubicadas tras el banco semicircular hacen que esta estancia parezca encontrarse al aire libre.

El príncipe heredero Federico Guillermo habitaba desde 1816 en las dependencias de la antigua residencia de Federico el Grande en el castillo de Berlín. Pero hasta que no contrajo matrimonio en 1824, el heredero al trono no obtuvo la autorización para modificar las habitaciones de estilo rococó. El príncipe realizó varios esbozos que sirvieron a Karl Friedrich Schinkel y a sus colaboradores como modelo para diseñar los muebles y las salas del castillo. Las obras se prolongaron hasta 1828 y, aunque al final solo se pudieron equipar tres habitaciones según el plano original, la residencia del príncipe heredero albergó una de las mejores decoraciones de interiores de la época.

El príncipe heredero y su esposa disponían de seis habitaciones principales y varias piezas secundarias en el ala nordeste del castillo. La parte más antigua de la construcción seguía albergando la capilla de san Erasmo, de estilo gótico flamígero, que también formaba parte de la residencia, aunque desde mediados del siglo XVIII se empleaba como estancia habitable. El príncipe heredero ubicó su acogedor despacho medieval bajo la bóveda de estilo gótico flamígero que quedó nuevamente al descubierto. En él se instalaron numerosos armarios de colección, archivos de dibujos, pinturas y esculturas muestra de los intereses artísticos del príncipe. Schinkel proyectó el equipamiento de la habitación según la construcción original. Los asientos que diseñó presentaban formas góticas, pero el mobiliario seguía siendo de un estilo neutro. El cuidadoso manejo de los aposentos históricos por parte del arquitecto también puede verse en el mobiliario del antiguo despacho de Federico II, que permaneció intacto, con su delicado, aunque pasado de moda, estilo rococó. Isabel, la princesa consorte, empleó la habitación redondeada como despacho.

La antigua sala de conciertos de los antepasados reales siguió siendo una sala de funciones. No obstante, se redistribuyó por completo. Al igual que sucedía en Charlottenhof, reconstruido en la misma época, una exedra, en este caso un diván semicircular, ocupaba un lugar destacado. El banco de Charlottenhof limitaba la terraza elevada, mientras que aquí la exedra formaba parte del mobiliario interior. Sin embargo, el toldo pintado en el techo y las plantas verdes de la habitación hacían que uno tuviera la sensación de estar sentado al aire libre. Las paredes de esta acogedora sala estaban profusamente decoradas. La habitación estaba rodeada de una serie de armarios murales sobre los que se asentaban consolas figurativas con esculturas que sobresalían en un friso. Tanto las esculturas como las pinturas mostraban figuras de dioses antiguos y personajes mitológicos. Al igual que la casa de campo de los Humboldt, esta sala evocaba el periodo griego clásico. Pero en el castillo de Berlín también se tuvo en cuenta la tradición familiar, ya que las habitaciones individuales también rendían homenaje al gótico flamígero, al apogeo del poder electo y a la época de Federico el Grande.

Salvo algunas esculturas de Tieck no ha quedado nada del salón. La residencia del príncipe heredero diseñada por Schinkel quedó destruida a mediados del siglo XX junto con el castillo de Berlín.

Arriba:

La capilla de Erasmo en el castillo de Berlín, 1839, acuarela de Johann Heinrich Hintze.

La antigua capilla de Erasmo, en el castillo de Berlín, se acondicionó como aposento instalando un falso techo.

Izquierda:

Vista del castillo desde el sudeste, pintura de Maximilian Roch, 1834.

Las dependencias de los príncipes herederos se hallaban en la parte sudeste del castillo de Berlín, en el segundo piso. La antigua capilla de Erasmo sobresale por encima de la fachada que da al río Spree. El salón de té se halla en la parte del castillo que da a la calle.

Página contigua:

Vista del salón de té del castillo de Berlín.

1824–1830 · Iglesia de Friedrichswerder
Werderscher Markt, Berlín

Vista del interior.
Schinkel sabía presentar los edificios de manera óptima en los dibujos que realizaba. Los edificios en perspectiva y las figuras humanas confieren espectacularidad a las obras.

Página contigua:
Vista de la fachada principal.
Originalmente, la iglesia de Friedrichswerder formaba parte de un estrecho contexto de desarrollo urbano. El Werderscher Markt estuvo rodeado primero de edificios residenciales y luego también por la Academia de Arquitectura. La iglesia aún sigue en pie, pero aislada, sin ningún otro edificio a su alrededor.

La iglesia de Friedrichswerder debe su nombre al barrio berlinés homónimo, próximo al castillo real, en el que se asentaron mayoritariamente obreros y refugiados religiosos tras la guerra de los Treinta Años. Un centro de equitación modificado en 1700 sirvió como lugar de culto para los feligreses alemanes y franceses. Desde 1819, el rey tenía pensado reconstruir la iglesia, por entonces derruida. Como máximo responsable de obras civiles y regias, Schinkel se encargó de examinar los diseños presentados. Insatisfecho con ellos, presentó sus propios proyectos, en los que hacía alusión a modelos del periodo clásico, lo cual lo apartó de sus ideales arquitectónicos románticos y medievales iniciales. Pero el rey y el príncipe heredero querían que la iglesia se reconstruyera con un estilo gótico. Obedeciendo esta orden, Schinkel diseñó también un lugar de culto neogótico. En 1824 sometió cuatro proyectos a la decisión del rey. Los planos que se conservan muestran dos iglesias neoclásicas y dos neogóticas. Las iglesias neoclásicas difieren entre sí solamente en el estilo, pero no en su diseño básico: una es de estilo dórico y la otra constituye un ejemplo del orden corintio. Los dos templos columnados neoclásicos poseían una cúpula cilíndrica, bajo la que se ubicaba el coro. Las iglesias neogóticas, por su parte, diferían entre sí en la fachada. Como alternativa a la iglesia de un campanario, Schinkel proponía un diseño con dos torres esquineras más delicadas. Para el interior ofrecía dos alternativas: un vestíbulo gótico con pilastras y una bóveda estrellada, o un interior con un estilo romano clásico. El sistema arquitectónico y la planta de ambos diseños eran similares, pero el efecto espacial que causaban era muy diferente. Cada parte del edificio se transformaba con virtuosismo de un estilo a otro.

El rey se decantó por la iglesia gótica de dos torres diseñada por Schinkel. Las obras de construcción se iniciaron en 1824 y finalizaron en 1830. La fachada de la nueva iglesia se construyó en ladrillo. Dada su preferencia por la arquitectura clásica, Schinkel eligió para la iglesia de Friedrichswerder un estilo gótico lo más sencillo posible. El resultado de volver a los principios arquitectónicos del periodo clásico fue un «estilo gótico neoclásico»; de hecho, las formas claramente estructuradas de la iglesia solo recurren sutilmente al enladrillado gótico medieval, pero no tienen nada en común con la construcción mural gótica. Los contrafuertes, que apenas sobresalen por encima de la estructura circundante, y la estructuración horizontal de la pared evocan el diseño estático del periodo clásico. La cubierta de gablete de las iglesias medievales no está presente; en su lugar puede verse un parapeto que oculta la cubierta plana. Schinkel no utilizó las agujas puntiagudas góticas, sino unas torres cúbicas inspiradas en el estilo decorado inglés. El delicado interior de la iglesia contrasta con la austera apariencia exterior. Los materiales y la pintura de la colorida construcción, junto con el estilo arquitectónico, forman un armonioso conjunto.

1825 · Vista del florecimiento de Grecia
Blick in Griechenlands Blüte, pintura

Schinkel pintó el cuadro *Vista del florecimiento de Grecia* en 1825 como regalo de boda de la ciudad de Berlín a la princesa Luisa, que contrajo matrimonio con el príncipe Federico de Holanda. A diferencia de *Catedral gótica junto al río*, obra que data de 1813, esta pintura está dedicada a la cultura griega, la cual sucedió al arte medieval en las preferencias de Schinkel. A través de Wilhelm von Humboldt, propietario del castillo de Tegel, Schinkel ya había reconocido el ideal no solamente artístico, sino también social, que representaba la Antigüedad griega. Según palabras de Humboldt: «Los griegos concibieron una educación de la persona en su conjunto; ellos son para nosotros lo que sus dioses representaban para ellos».

El cuadro, apaisado, tenía unas dimensiones de 94 x 233 cm. La composición de la imagen y el tema de la pintura de Schinkel diferían mucho de la manera en la que se representaban las construcciones griegas clásicas en esa época. Por lo general, las representaciones mostraban unas ruinas dispersas, reflejo melancólico de la decadencia del gran imperio. Pero Schinkel en este cuadro, como evoca su título, ilustró la Antigua Grecia como una cultura floreciente. El primer plano de la imagen está dominado por la construcción de un nuevo templo, del cual solo puede verse la parte superior. El observador puede experimentar un pequeño ataque de vértigo al tener la sensación de hallarse encima del andamiaje. Las figuras guían la vista del espectador por el acontecimiento retratado en el cuadro. Los artistas y los obreros se afanan en acabar la construcción (se está colocando aún parte del entablamento, ricamente decorado con esculturas). La vista se dirige después hacia el paisaje montañoso. A la izquierda se ve un grupo de soldados que se acerca al templo. En la colina delantera hay varios monumentos y mausoleos grandiosos. Una ciudad próspera con palacios, templos y edificios públicos se extiende por el valle. La planificación revela muchas cosas acerca del ideal urbanístico de Schinkel.

El cuadro no tiene ninguna connotación nostálgica. En este trabajo arquetípico, el pintor expone más bien su visión del presente y el futuro, el restablecimiento de una cultura digna de admiración. Con sus obras arquitectónicas de Berlín (a menudo llamada la Atenas del río Spree), Schinkel pretendía recrear un ideal antiguo que también era socialmente relevante en su propia época. Su visión para una sociedad futura se expresa en esta pintura: «Uno puede vivir en el cuadro con esta gente [distinguida] y perseguir lo mismo en todos los aspectos, ya sean políticos o puramente humanos».

Pero el pintor también pretende combinar armoniosamente la naturaleza y la actividad cultural del hombre. Schinkel dijo una vez de sus pinturas: «La belleza del paisaje se realza atrayendo la atención sobre las huellas de la influencia humana, ya sea mediante un pueblo que disfruta de su edad dorada [...] o de un paisaje que refleja la riqueza de una cultura altamente formada que sabe utilizar con habilidad este aspecto de la naturaleza para crear una vida más placentera para el pueblo en su totalidad».

Página contigua:
Vista del florecimiento de Grecia, copia realizada en 1836 por Wilhelm Ahlborn a partir del original de 1825 de Karl Friedrich Schinkel.
La obra original de Schinkel desapareció sin dejar rastro, pero como se realizaron copias bastante fiables en repetidas ocasiones, las generaciones posteriores han conocido no solo la representación, sino también el efecto del color de esta pintura.

Detalle.
Al ilustrar las obras clásicas, Schinkel no solo echaba mano de su experiencia práctica, sino también de sus conocimientos arqueológicos. El bloque de mármol que se está moviendo en este momento se inspira en el friso del Partenón de la Acrópolis. Sin embargo, Schinkel lo utilizó aquí de lado para adaptarlo a la composición de la obra.

1826–1829 · Castillo de Charlottenhof
Potsdam

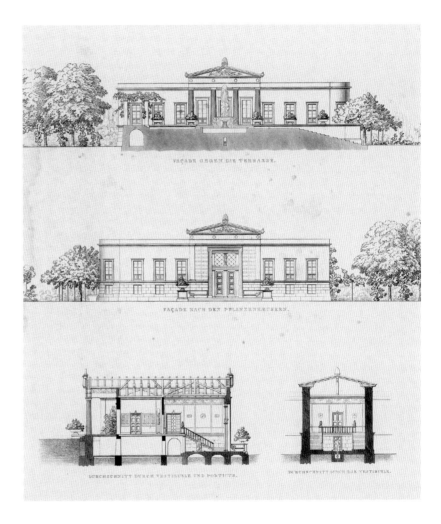

Vistas y secciones transversales.

Página contigua:

Vista desde el jardín, 1826–1829.

La terraza terraplenada hace que el castillo parezca una construcción de una sola planta. El sótano, en el que se encuentran las zonas de trabajo, queda oculto. Los plátanos debían otorgar un carácter sureño a los jardines del castillo.

El rey adquirió una finca al sur del parque de Sanssouci que regaló al príncipe heredero en las Navidades de 1825. Al igual que sus hermanos, Federico Guillermo debía disponer de una residencia estival en Potsdam. Karl Friedrich Schinkel fue el encargado de realizar la planificación arquitectónica.

En el enorme terreno se erigía una casa solariega del siglo XVIII. Con las escrituras se adjuntaron también unos planos realizados por el paisajista Peter J. Lenné que integraban la propiedad en los jardines del castillo. Al príncipe heredero, amante del arte, le entusiasmaba la arquitectura. Schinkel ya le había dado clases de diseño y arquitectura, así es que el proyecto de reconstrucción del castillo de Charlottenhof fue llevado a cabo conjuntamente por el cliente y el arquitecto. Para todo aquello relacionado con el diseño del parque consultaron a Lenné.

Diseño de una silla para el castillo de Charlottenhof (?), 1827.
En la remodelación del castillo de Charlottenhof, Schinkel también influyó en el diseño de los muebles y en el color de las paredes.

La construcción existente no era excesivamente grande. Se componía de un podio y un piso con una cubierta afilada. La idea era convertir la casa de campo en una villa de estilo clásico que, además de servir como lugar de retiro para el príncipe, también rindiera homenaje a su admiración por la Antigüedad. Como era habitual, Schinkel tuvo que conservar gran parte de la estructura existente por motivos económicos. La estructura básica, las aberturas de las ventanas y las paredes interiores se mantuvieron casi intactas. Sin embargo, el edificio quedó prácticamente irreconocible una vez finalizadas las obras de reconstrucción. Se había retirado la cubierta pronunciada a dos aguas y en su lugar se había colocado una cubierta con relieve de templo sobre la parte central del cuerpo arquitectónico principal de la casa. Un mirador semicircular en el dormitorio principal del príncipe heredero ofrecía una vista panorámica del parque. Una vez finalizadas las obras de remodelación, el castillo de Charlottenhof tenía el aspecto de una villa neoclásica con una elegancia sencilla.

El ingenioso diseño del parque también contribuyó notablemente a este nuevo efecto. En el jardín se depositó tierra hasta cubrir por completo el podio de la casa. Al final de la terraza se colocó una exedra, un banco semicircular desde el que se podía contemplar la villa, el parque y el nuevo palacio de Federico el Grande. Visto desde el jardín, el castillo de Charlottenhof parecía haber sido añadido a un templo antiguo. Las fuentes, las pérgolas cubiertas de parras, las esculturas y los abrevaderos realzaban el encanto mediterráneo de toda la finca.

El castillo poseía diez habitaciones en la planta principal, algunas de ellas más bien pequeñas. Las estancias principales –un vestíbulo, una sala de estar y una terraza– se

Página contigua:
Vista de la sala con las puertas rojas.
La sala del jardín, situada en el eje central del edificio, es la sala principal del pequeño castillo. Se encuentra detrás del pórtico columnado de la parte frontal del jardín.

hallaban en el eje central del edificio. Estas conducían a las habitaciones privadas del ala norte del edificio. Merece la pena destacar la decoración interior, que todavía se conserva hoy en día y que fue diseñada parcialmente por Schinkel. La zona de invitados se hallaba al sur de la sala de estar. La habitación más original era la llamada «sala carpa», que, como su propio nombre indica, parecía una tienda de campaña con sus telas a rayas azules y blancas. Las habitaciones del servicio se hallaban en la planta del podio. Parecía que el castillo de Charlottenhof fuera una residencia estival de clase media debido a sus pequeñas dimensiones, pero es que este edificio no era más que un arreglo provisional. Schinkel y el príncipe heredero habían proyectado la construcción de un enorme complejo arquitectónico al oeste del terreno, donde debía reconstruirse la villa toscana descrita por Plinio, el autor clásico. Sin embargo, al igual que muchos de los diseños de Schinkel, este proyecto de ampliación de Charlottenhof nunca se llevó a cabo.

A partir de 1829 se construyeron en las cercanías del castillo los llamados baños romanos. El objetivo principal de estos baños era crear un lugar acogedor. Los edificios, dispuestos de forma asimétrica, se agrupaban en torno a varios patios interiores

Habitación rosa.
Para decorar las paredes y los muebles, Schinkel se remitió a modelos clásicos. El friso con pinturas, inspirado en el estilo pictórico de Pompeya, presenta varias figuras femeninas.

Página contigua:
Sala carpa.
Los invitados del príncipe heredero y de sus esposa se alojaban en esta habitación, similar a una tienda de campaña. El explorador y trotamundos Alexander von Humboldt solía alojarse en ella.

Baños romanos en el parque de Sanssouci, cuatro cariátides frente al rincón de baño.
Este rincón está decorado con copias de las cariátides del Erecteion de la Acrópolis de Atenas. Las habitaciones interiores, decoradas con pinturas y esculturas, sorprenden al visitante, que no espera encontrar estos elementos arquitectónicos clásicos en el interior de esta instalación con apariencia rural.

Página contigua:
Baños romanos, 1829–1839, vista de la entrada.
El conjunto arquitectónico de los baños romanos, claramente influido por la arquitectura rural italiana, alberga las dependencias del jardinero. La mayoría de las habitaciones restantes no estaban habitadas. El príncipe heredero solo usaba los baños romanos durante estancias cortas.

y se abrían a alcobas y pérgolas. El edificio principal era el único con una utilidad práctica, como residencia del jardinero.

El príncipe heredero también participó en el diseño de este pintoresco complejo. Es probable que Schinkel ejerciera asimismo cierta influencia en su planificación, que fue confiada casi en su totalidad a Ludwig Persius, arquitecto y alumno de Schinkel. En los baños romanos se incorporaron ejemplos de la arquitectura rural italiana que Schinkel conoció durante sus viajes a Italia en 1804. Por aquel entonces, Schinkel había pensado en lanzar una publicación sobre estas construcciones medievales tan desconocidas. En los baños romanos de Charlottenhof se unen varios estilos arquitectónicos para formar un conjunto de edificios que parecen haber aumentado con el tiempo. Schinkel dijo de él que era «un todo agrupado como un cuadro que ilustraba bellas vistas, lugares de descanso secretos, habitaciones acogedoras y espacios abiertos que ofrecían el placer de la vida campestre».

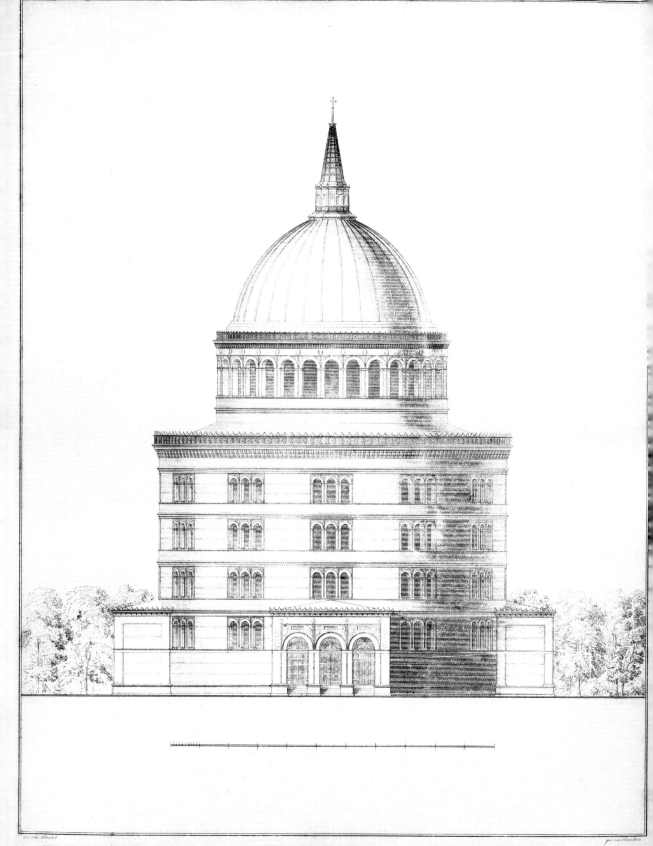

ANSICHT DER KIRCHE IN DER ORANIENBURGER VORSTADT BEI BERLIN. NACH DEM ENTWURF N⁰ IV.

1828–1835 · Iglesias periféricas

Berlín experimentó un rápido crecimiento demográfico en las tres primeras décadas del siglo XIX. Surgieron entonces nuevas zonas residenciales para las clases menos acomodadas, sobre todo al norte del antiguo centro de la ciudad. En febrero de 1828, Federico Guillermo III encargó a Schinkel la construcción de dos iglesias nuevas para garantizar la labor pastoral en Oranienburg, un barrio periférico de Berlín. Con una capacidad para acoger entre 2.500 y 3.000 feligreses cada una, estas iglesias prácticamente duplicaban el tamaño de la catedral o de la iglesia de Friedrichswerder. Lo que atraía especialmente al arquitecto de este proyecto era el hecho de diseñar unas «iglesias evangélicas que cumplieran únicamente con su objetivo» fuera del centro de la ciudad. Y es que Schinkel no tenía que tener en cuenta ningún edificio cercano.

En agosto de 1828, Schinkel presentó cinco diseños. La «iglesia como un círculo perfecto» y la «iglesia con vestíbulo» constituían dos buenos ejemplos de la gran variedad de diseños arquitectónicos de Schinkel. La iglesia cilíndrica era uno de los diseños más radicales del arquitecto. Rompía completamente con el aspecto convencional de las iglesias góticas y barrocas; el lugar de culto de cuatro plantas parecía más un edificio industrial que una iglesia. La única referencia a su finalidad eclesiástica era la cúpula de tambor con linterna.

El diseño de Schinkel para una iglesia con vestíbulo, por su parte, era mucho más tradicional y estaba orientado hacia la arquitectura clásica. Sin embargo, la planta rectangular con las escaleras ubicadas en las esquinas también estaba diseñada para ser muy funcional. El rey escogió dos diseños de planta rectangular.

Como recalcó el propio Schinkel, los costes de construcción eran desproporcionadamente elevados en comparación con el número de asientos previstos en esas enormes iglesias. Resultaba mucho más económico construir iglesias más pequeñas. Así pues, Schinkel renunció por propia iniciativa a la construcción de estas obras. No obstante, sus diseños se conservaron como base, aunque el arquitecto los realizó a escala reducida en 1829.

Las obras de construcción no se iniciaron hasta unos años después de finalizada la primera fase de planificación. Por un lado, el rey y el príncipe heredero tenían opiniones diferentes en cuanto a la construcción de las iglesias. Por otro lado, Berlín había sufrido una epidemia de cólera, lo que había impedido la ejecución rápida de las obras. Cuando en 1832 se pudo, por fin, centrar la atención en la terminación de las iglesias (la construcción de la iglesia denominada posteriormente de Santa Isabel ya había empezado), la situación social en los barrios periféricos del norte había empeorado hasta tal punto a causa de la epidemia que el rey solicitaba ahora la construcción de cuatro iglesias. De esta forma se garantizaría una mejor labor pastoral entre la población y se evitarían los desórdenes públicos.

La construcción de Santa Isabel ya había comenzado, pero su diseño se modificó para que la iglesia, una vez acabada, fuera más grande que las otras tres y tuviera dos galerías. Las otras tres iglesias (San Pablo, San Juan y la iglesia de Nazaret) siguieron el sencillo esquema de una iglesia rectangular de una sola galería con un techo ligeramente

Página contigua:
Diseño para una iglesia como un círculo perfecto, 1828.
Schinkel presentó cinco diseños diferentes para construir enormes iglesias en los barrios periféricos al norte de Berlín. Todas ellas debían acoger el mayor número de feligreses posible y poderse construir a un precio razonable. La planta circular y el sencillo diseño mural rompen con la arquitectura sacra tradicional.

en pendiente. Se prescindió de la torre, el vestíbulo y otros elementos arquitectónicos. El presupuesto de los jardines y el edificio era el mismo para las tres nuevas construcciones. No obstante, Schinkel no quería construir tres edificios religiosos idénticos, así es que intentó crear un diseño individual para cada iglesia. Dos de ellas eran de ladrillo y tenían arcos redondos, mientras que las otras dos se basaban en diseños clásicos y tenían los muros enlucidos. Las obras de construcción de las cuatro iglesias periféricas finalizaron en 1835. Lamentablemente, ninguno de sus interiores se ha mantenido intacto hasta nuestros días. Aún peor, la iglesia de Santa Isabel permanece en ruinas desde que fue destruida durante la Segunda Guerra Mundial.

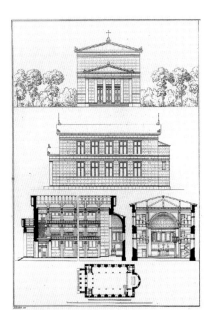
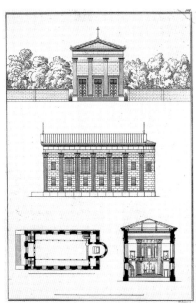
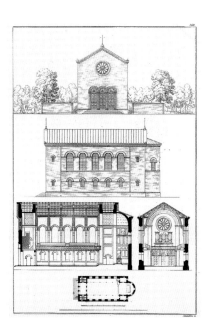

De izquierda a derecha:
Alzado, sección transversal y planta de las iglesias de Santa Isabel, San Pablo, San Juan y la iglesia de Nazaret.

Derecha:
**Iglesia de Santa Isabel, Berlin-Mitte, 1832–1835
(en ruinas desde 1945).**

Extremo derecho:
**Iglesia de Santa Isabel, Berlin-Mitte, vista del
presbiterio (destruido).**

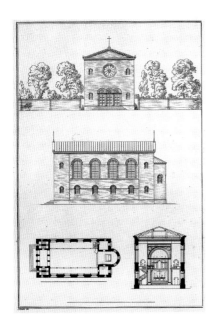

Iglesia de Nazaret, Berlin-Wedding, 1832–1835.
La estructura exterior de la iglesia de Nazaret, que
se ha mantenido casi intacta, constituye un ejemplo del diseño sencillo pero monumental de
Schinkel. El arquitecto tuvo que abstenerse de
incluir un campanario en la iglesia por motivos
económicos.

1832–1835 · Academia de Arquitectura
Bauakademie ▸ Werderscher Markt, Berlín

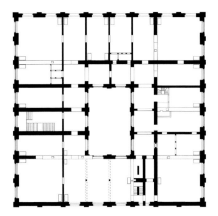

Planta del segundo piso.

Página contigua:
***La Academia de Arquitectura de Berlín**, 1868,
pintura realizada por Eduard Gärtner.*
La Academia de Arquitectura se alzaba como un
cubo de color rojo en el centro urbano. En el
segundo piso del edificio se hallaba la residencia
privada del arquitecto, así como su estudio y su
oficina, dependencias que pueden reconocerse en
la pintura gracias a las cortinas. Tras la muerte de
Schinkel se instaló aquí el primer museo dedicado
a él. Detrás de la Academia de Arquitectura puede
verse la iglesia de Friedrichswerder.

La última construcción que diseñó Schinkel en el centro de Berlín fue la Academia de
Arquitectura, erigida entre 1832 y 1836. Esta fue probablemente su obra más importante y, a la vez, más radical. El edificio se derribó en 1960, pese a haber sobrevivido casi
intacto a la Segunda Guerra Mundial. En los últimos años se han realizado esfuerzos
para reconstruir el museo, lo que ha conducido a la reconstrucción de una esquina del
edificio a modo de prueba. La Academia de Arquitectura se hallaba muy cerca de la
iglesia de Friedrichswerder, también diseñada por Schinkel, y tan solo el canal de
Kupfergraben separaba la Academia del castillo barroco de Hohenzollern.

En la cumbre de su carrera arquitectónica, Schinkel, que había sido alumno de la
Escuela General de Arquitectura, recibió el encargo de diseñar un nuevo edificio
público que albergara además otras instituciones. Los comercios de la planta baja sirvieron para financiar parte del proyecto. La primera planta se reservó para la Academia
de Arquitectura, mientras que en la segunda se ubicó la Oficina de Obras Públicas, así
como el estudio y la residencia de Schinkel. El uso de la buhardilla era limitado debido
al tejado inclinado hacia el patio interior.

La Academia de Arquitectura era un edificio de cuatro pisos de planta cuadrada.
Cada lado del cubo medía 46 m de ancho por 22 m de altura, y el diseño de todos ellos
era más o menos idéntico. El edificio se veía reflejado en el río Kupfergraben como un
cubo. La construcción exterior consistía en ocho ejes de ventanas uniformes cuya
regularidad no ofrecía ningún dato sobre la utilización y distribución del espacio interior. Entre los ejes de las ventanas y sobre la cornisa sobresalían unas pilastras que
proyectaban parapetos de piedra. Estos otorgaban a la fachada una continuidad verti-
cal que se veía realzada por el dibujo formado por los ladrillos parcialmente vidriados
de color violeta. Sin embargo, las cornisas horizontales devolvían el equilibrio a la
fachada. No había ningún elemento central que destacase en ella; al contrario, había
incluso dos entradas principales.

Los marcos de puertas y ventanas estaban ricamente decorados con azulejos de
terracota de fabricación industrial. La decoración indicaba el propósito y la naturaleza
educativa de la Academia de Arquitectura. En las entradas se habían colocado retratos
de arquitectos famosos, y la creación de estilos arquitectónicos antiguos estaba representada de forma alegórica. Debajo de las ventanas de los pisos superiores había
un ciclo programático que representaba el declive de la arquitectura clásica y el auge
de una arquitectura nueva. Schinkel había luchado toda su vida por esta renovación
arquitectónica.

El viaje de Schinkel a Inglaterra en 1826 influyó de forma significativa en el diseño
de la Academia de Arquitectura. El arquitecto visitó entusiasmado algunos edificios industriales de la región central de ese país. Dichos edificios carecían de ornamentos y
no seguían un trazado arquitectónico clásico. En ellos se hacía hincapié en la funcionalidad y la construcción, mientras que la decoración y el estilo arquitectónico quedaban en un segundo plano. Bajo esta influencia, Schinkel se propuso diseñar un edificio
público en pleno centro de Berlín que promoviera los materiales y la construcción

Izquierda:
Ventana con esculturas de terracota, fotografía realizada hacia el año 1910.

Centro:
La escalera, fotografía realizada entre 1907 y 1911.

Derecha:
Vista del patio de luces remodelado, fotografía realizada entre 1907 y 1911.

como la expresión dominante del diseño arquitectónico. Probablemente esto fuera posible gracias a que, como él era el cliente y al mismo tiempo la máxima autoridad de obras públicas, gozó de gran libertad para realizar el diseño a su gusto. Schinkel basó su planificación sobre una cuadrícula. En los puntos de intersección de los cuadrados, cada uno de 5,5 m de lado, se erigían unos pilares de ladrillo que servían de soporte a los techos abovedados. En este edificio no eran necesarias las paredes maestras. Los distintos pisos se podían dividir individualmente según las necesidades de los usarios. En algunos aspectos del trazado básico, Schinkel se anticipó a lo que más tarde sería la norma en la construcción moderna de edificios de varios pisos y llevó a la práctica sus ideas técnicas y artísticas en el proyecto de la Academia de Arquitectura. Friedrich Adler, alumno de Schinkel, apuntó que, como era natural, esta era la construcción predilecta del arquitecto. En palabras del biógrafo de Schinkel, Waagen, en la Academia de Arquitectura, los ideales arquitectónicos se intercambiaron con su esencia.

La Academia de Arquitectura de Schinkel constituyó también un nexo con el futuro. Obviamente, aún distaba mucho de la estética funcional de la modernidad arquitectónica del siglo XX, si bien es cierto que, teniendo en cuenta el aspecto de la Academia de Arquitectura, arquitectos como Ludwig Mies van der Rohe y Peter Behrens bien pueden considerarse herederos de Schinkel.

**Construcción de la Academia de Arquitectura.
Detalle del panorama urbano pintado desde
el tejado de la iglesia de Friedrichswerder,
pintura realizada por Eduard Gärtner.**
El panorama urbano pintado por Gärtner con
precisión fotográfica dirige la mirada del espectador hacia la estructura terminada de la Academia
de Arquitectura. Detrás de este edificio, a la
izquierda, puede verse una esquina del castillo
de Berlín.

**La Academia de Arquitectura, fotografía
realizada hacia 1888.**
La Academia de Arquitecura enseguida fue considerada una de las obras maestras de Schinkel.
En la plaza situada delante del edificio se erigió
un monumento en honor del arquitecto que hoy
en día todavía sigue en pie.

1834–1849 · Castillo de Babelsberg
Potsdam

Bóveda del salón de baile.
El salón de baile de dos plantas está coronado por una bóveda de estrella.

Página contigua:
El castillo de Babelsberg desde el río, vista y planta.
Solo el tramo de la construcción que llega hasta la imponente torre octogonal, donde se encuentra el salón de baile, se realizó a partir de los planos que Schinkel realizó para el castillo de Babelsberg. Posteriormente, los sucesores del arquitecto construyeron el ala sur (a la derecha), pero con algunas modificaciones.

El castillo de Babelsberg se encuentra en mitad de un pintoresco paisaje de ríos y lagos de la zona de Potsdam. Desde aquí puede verse la ciudad de Potsdam, el castillo de Glienicke y los Nuevos Jardines. No es de extrañar que el paisajista Peter Joseph Lenné considerara este un lugar ideal para construir el castillo. En 1826, le habló de esta ubicación al príncipe Guillermo (que se convirtió en el emperador Guillermo I tras subir al trono de Alemania), puesto que también debía construirse en Potsdam una residencia estival para el soberano.

El príncipe Guillermo contrajo matrimonio con Augusta de Sajonia-Weimar, quien enseguida se sintió cautivada por el proyecto arquitectónico de Babelsberg. Según ella, se debía construir allí un castillo neogótico al estilo de las mansiones inglesas. Así, mandó traer ilustraciones y diagramas desde Inglaterra que le sirvieran como modelo para crear sus propios diseños. Sin embargo, el rey Federico Guillermo III se mostró escéptico ante este nuevo y caro proyecto arquitectónico, ya que requeriría construir un castillo nuevo desde cero, en lugar de renovar o ampliar una construcción ya existente, como fue el caso de Charlottenhof.

Hasta que no se redujeron las dimensiones del diseño del nuevo castillo a las de una modesta casa de campo inglesa, en 1833, el rey no dio su aprobación al proyecto. Inmediatamente después se encargó a Schinkel el diseño de esta residencia veraniega. Pero, como es obvio, Guillermo y Augusta no iban a conformarse con la casa de campo autorizada. Schinkel fue lo bastante previsor para diseñar una obra asimétrica de estilo neogótico que se adaptara al declive de la colina, y que habría de ser construida en dos fases.

Schinkel dispuso los diferentes cuerpos a lo largo de una línea ascendente que alcanzaría su punto más alto en la torre de la bandera occidental. Esta torre circular, con sus ventanas en forma de arco, constituía supuestamente la parte más antigua de la construcción. Según el planteamiento de Schinkel, el castillo de Babelsberg debía parecer un castillo de estilo clásico que hubiera ido ampliándose con el tiempo, no solo por la distribución de los cuerpos arquitectónicos, sino también por la existencia de estilos de diferentes épocas. La primera fase de construcción se prolongó entre 1834 y 1835. Bajo la dirección de Schinkel solo se erigió el tramo oriental de dos pisos, desde la pérgola abierta hasta la torre octogonal. La nueva construcción era de planta casi cuadrada y la torre octogonal albergaba una sala de fiestas.

La ampliación que convirtió el castillo de Babelsberg en el edificio que hoy en día sigue en pie se llevó a cabo entre los años 1844 y 1849, tras la muerte de Schinkel. Ludwig Persius y Heinrich Strack fueron los responsables del proyecto y su diseño de la fachada presentaba una variedad estilística mayor de lo que Schinkel había proyectado. Babelsberg siguió siendo la residencia veraniega preferida de Guillermo, incluso después de que fuera coronado emperador del Imperio alemán en 1871.

1834 · Palacio real sobre la Acrópolis
Atenas, Grecia

Página contigua:

Vista interior de la sala de ceremonias.
Esta estancia iba a constituir una gran sala de
ceremonias dentro de la residencia del rey griego
Otto de Baviera. La intrincada arquitectura y el
uso de esculturas se basaban en el estilo griego
clásico para establecer una relación entre el nuevo
monarca y el pasado glorioso de Grecia.

Schinkel se había visto obligado a frenar su imaginación en numerosas ocasiones en
Prusia por cuestiones económicas. Sin embargo, en 1834 pareció llegarle por fin la
oportunidad de llevar a cabo uno de sus proyectos de mayor envergadura. El príncipe
bávaro Otto de Wittelsbach había sido elegido rey de Grecia en 1832 y necesitaba una
residencia en Atenas. El príncipe heredero de Prusia, casado con una princesa bávara,
recomendó a Schinkel en Múnich para que construyera un nuevo palacio sobre la
Acrópolis.

Para los artistas contemporáneos de Schinkel, Grecia representaba una meta y un
modelo inalcanzables. La posibilidad de diseñar una residencia en el monte de la
fortificación ateniense, considerado un lugar sagrado, era una idea apasionante.
Schinkel tenía pensado construir en toda la Acrópolis, pero sin que los edificios antiguos, de gran valor, se vieran afectados. Sin embargo, esto habría provocado que las
ruinas estuvieran rodeadas de construcciones al estilo de las villas pompeyanas de
una planta, agrupadas en torno a patios interiores. Los jardines, las fuentes y un hipódromo habrían otorgado a este mar de ruinas el alegre aspecto de un conjunto de
villas clásicas. El centro de la nueva residencia estaría ocupado por una enorme sala
de recepción. El diseño de Schinkel mostraba una sala de gran altura que daba paso a
un patio interior rodeado de columnas; cuatro columnas circulares de dimensiones
colosales soportarían la elaborada cercha de la cubierta. Los coloridos materiales y
la rica decoración escultórica otorgarían un carácter genuinamente real al espacio interior. Lo que resulta sorprendente es que Schinkel no planificara ninguna reconstrucción ni ninguna ampliación basadas en el estilo de la antigua Acrópolis. Más bien, para
su nueva obra arquitectónica, tomó como modelo el estilo romano y no el de la Antigüedad griega. De esta manera evitaba entremezclar las estructuras existentes con las
nuevas construcciones.

Planta.
La proyección en planta revela el complejo sistema de las nuevas construcciones planificadas.
Schinkel pretendía construir la parte occidental
de la meseta montañosa partiendo de cero. Por
otro lado, la zona de entrada de la Acrópolis
(a la izquierda) debía cautivar al visitante a través
de un hipódromo, unos parques y una vista de
las ruinas antiguas.

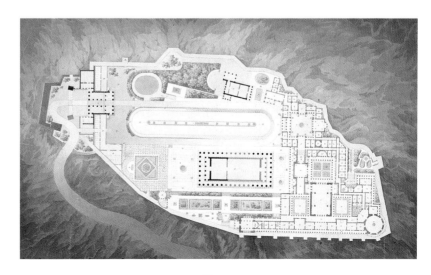

Hoy en día, resultaría inconcebible la mera idea de convertir parte del patrimonio cultural de la humanidad, como es la Acrópolis, en un lugar de residencia para un jefe de estado. Sin embargo, en la época de Schinkel resultaba muy tentador transformar lo que quedaba del complejo en una construcción útil, aunque conservando las ruinas.

En su proyecto, Schinkel sobreestimó los recursos del empobrecido Estado griego. En marzo de 1836, una carta del príncipe Pückler trajo la mala noticia desde Atenas. Aunque al rey Otto le fascinaba el diseño de Schinkel, este no era viable: «Para ello deberían enviar a Fidias y a Calícrates [artistas griegos de la Antigüedad] y, sobre todo, los recursos materiales de los que dispuso Pericles. Ahora somos tan pobres que ni siquiera podemos arreglar el camino que conduce al monte Pentelikon». Como señal de reconocimiento a sus esfuerzos, Schinkel fue condecorado con la orden del Redentor de Grecia. Sin embargo, el arquitecto, abatido, escribió a Pückler para decirle que «todas sus fantasías de juventud y todas sus ilusiones» se habían venido abajo.

Vista desde la ciudad.
En esta imagen puede apreciarse la envergadura de los nuevos edificios planificados. A la derecha, el hastial del gran salón despunta sobre las demás construcciones, enmarcadas por una columnata. A la izquierda puede verse la reconstrucción de la estatua de Atenea Promachos que el escultor clásico Fidias había creado hacia el año 450 a. C.

Página contigua:
Sección transversal de la montaña.
Las ruinas del famoso Partenón, el templo más grande de la Acrópolis, no se habrían visto afectadas en absoluto por la remodelación de Schinkel.

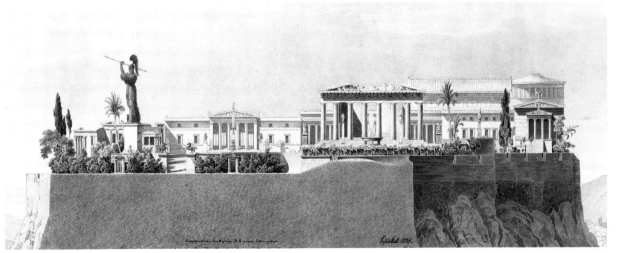

1838 · Castillo de Orianda
Yalta, Ucrania

El mismo año en que Schinkel empezó a dibujar los planos del castillo de Kamenz, la hermana de Federico Guillermo III, la princesa Carlota, contactó con el arquitecto para el proyecto de una construcción señorial. La princesa llevaba casada con el zar ruso Nicolás I desde 1817 y había adoptado el nombre de Alexandra Feodorovna.

El zar y su esposa habían visitado Crimea en 1837. El paisaje costero del mar Negro al sur del Imperio ruso les había impresionado tanto como la región histórica situada al sur del Cáucaso. En el siglo XIX, muchos nobles rusos habían mandado construir sus residencias solariegas en este entorno de aspecto mediterráneo.

A la zarina le atrajo sobre todo Orianda, un lugar situado a orillas del mar Negro, así es que el zar Nicolás le regaló la propiedad. Llena de entusiasmo, la zarina enseguida se puso en contacto con su hermano, el príncipe heredero Federico Guillermo, para explicarle que le gustaría construir allí una residencia que le recordara el castillo de Charlottenhof, que había visitado en 1829.

Así fue como Schinkel recibió el encargo de diseñar la residencia de Carlota en Crimea. El arquitecto recibió los planos de la zona en la que debía construirse el castillo para que este encajara de forma armoniosa en el paisaje. Schinkel no podía viajar a Rusia dado el gran número de proyectos arquitectónicos que tenía en marcha en su país. Cuando la pareja real rusa visitó Berlín en 1838, estuvieron conversando acerca de la planificación del castillo de Orianda. Una vez más, el príncipe heredero participó en la elaboración del diseño. Quería que su hermana tuviera un castillo que combinara el encanto rural con el significado cultural del lugar y representara la condición social de la zarina. Schinkel aseguró a su cliente que Orianda sería digno de la casa imperial más noble de la Tierra.

Para el palacio, Schinkel consideró exclusivamente los estilos artísticos con arraigo en el lugar planificado. Tras proponer una construcción basada en el estilo ruso antiguo —presente en el Kremlin de Moscú—, finalmente diseñó un palacio al estilo griego clásico (Crimea había sido colonizada por la antigua Grecia). En poco tiempo la extensión de este proyecto arquitectónico no tenía nada en común con el modesto castillo de Charlottenhof.

Al igual que el diseño sobre la Acrópolis, el castillo de Orianda debía ser una continuación de la cultura griega clásica. Sin embargo, aquí no había ninguna ruina ilustre que pudiera ser incluida en el palacio. Por ese motivo, Schinkel instaló un museo en el centro del complejo arquitectónico. La colección artística debía ubicarse en la subestructura de una atalaya acristalada bajo la forma de un templo que se elevara por encima del resto de la instalación y otorgara una mayor importancia al palacio. Según el arquitecto, este «museo de Crimea» tendría que albergar las obras artísticas recopiladas en todas las provincias griegas clásicas a lo largo del Cáucaso hasta llegar al Asia Menor, de modo que uno pudiera disfrutar del arte antiguo mientras paseara por el palacio. Los enormes pilares y el techo sin bóveda de aquel museo con aspecto de gruta evocarían las construcciones clásicas que habían existido en Crimea. En contraste con el oscuro museo, Schinkel planificó sobre él un templo alegre y luminoso.

La vegetación de esta construcción debía recordar al visitante los Jardines colgantes de Babilonia, una de las siete maravillas del mundo antiguo. En cuanto al tamaño y a su condición, el palacio de Orianda iba a combinar el reflejo de la cultura del periodo clásico con el del poder político del propietario.

Cuando la zarina recibió por fin los diseños de Schinkel, se sintió perturbada ante el tamaño y la magnitud arquitectónica del proyecto. En abril de 1839 escribió a su hermano para preguntarle por qué «Schinkel no diseñaba un proyecto más pequeño que fuera viable en lugar de esa obra imposible que tal vez le reportara fama al sucesor de Mirtrídates, pero que resultaba poco atrayente para vivir en ella y no terminaría de construirse hasta su vejez». No es de extrañar pues que el castillo de Orianda, al igual que sucedió con el palacio sobre la Acrópolis de Atenas, nunca llegara a edificarse.

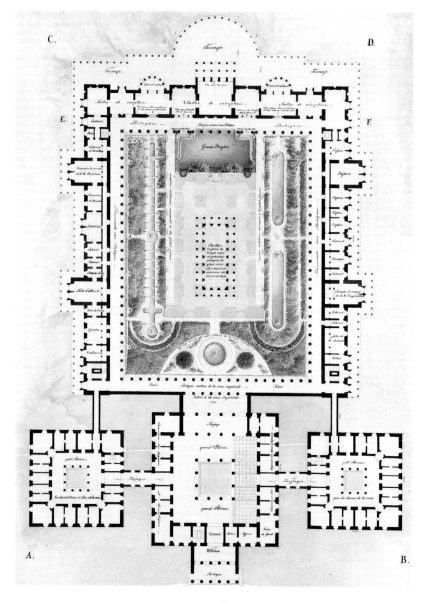

Planta, 1845.
El visitante accedería al enorme patio interior con arreglo paisajista a través de uno de los tres edificios de entrada de planta cuadrada. La construcción ofrecería vistas al mar desde una terraza y unas salas columnadas (arriba).

Alzado de la fachada que daría al mar, entrada con los tres atrios y sección transversal desde el patio real, 1838.
El templo y la atalaya, acristalada y rodeada de una exuberante vegetación, sobresalen por encima del resto del castillo para ofrecer una vista del romántico y bello paisaje del mar Negro.

1838–1873 · Castillo de Kamenz

Kamieniec Zabkowicki, Polonia

Vista principal (desde el valle).

Página contigua:
Vista del patio interior, 2000.
Con sus merlones y sus torres circulares a modo de fortificación, el castillo de Kamenz presenta un aspecto militar. Una arcada formada por arcos ojivales rodea el enorme patio interior.

Planta diseñada para el castillo de Kamenz que incluye el patio y las dependencias, 1838.
La torre del homenaje estaba rodeada por un sólido muro de defensa con baluartes que no tenían ninguna función militar. La residencia principal de la línea de Alberto de Prusia encarnaba el poder y la prosperidad de sus dueños.

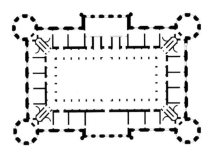

Tras el estrepitoso fracaso de su gran proyecto para la Acrópolis, y cuando se encontraba ya en la recta final de su vida, Schinkel tuvo la posibilidad de construir un «castillo de cuento de hadas». Su cliente era una de las hijas del rey holandés, la princesa Mariana, que en 1830 había contraído matrimonio con el príncipe Alberto de Prusia. Schinkel había reconstruido el palacio berlinés de la pareja de recién casados y estos habían quedado encantados con su trabajo. En 1837, Mariana heredó de su madre la finca de Kamenz, en Silesia, al pie de la cordillera de los Sudetes. A la princesa le impresionó tanto su pintoresca ubicación que pidió que se levantara allí un enorme castillo. Kamenz no solo serviría como residencia veraniega, sino también como sede principal de la línea de Alberto de la familia de los Hohenzollern. Este proyecto no era nada fuera de lo normal, ya que varios dignatarios y miembros de la casa real prusiana poseían ya castillos en lugares circundantes.

Schinkel recibió el encargo de diseñar los planos del castillo de Kamenz en 1838. Tras visitar Silesia, diseñó un complejo arquitectónico de estilo gótico romántico de enormes dimensiones. Schinkel proyectó el castillo como una construcción de ladrillo con carácter fortificado. Las torres, los merlones, los muros exteriores y los baluartes otorgaron seriedad al edificio. Aunque Schinkel utilizó ladrillos vidriados de colores, al igual que había hecho anteriormente en la Academia de Arquitectura, esta especie de fortaleza y sus patios interiores seguían pareciendo oscuros y tenebrosos. Las formas arquitectónicas empleadas daban al castillo un aire sobrecogedor. A diferencia del diseño romántico neogótico empleado por Schinkel en una agrupación asimétrica y pintoresca para el castillo de Babelsberg, cerca de Potsdam, el castillo de Kamenz tenía una estructura estrictamente simétrica. La fachada principal, flanqueda por dos macizas torres circulares y una superficie de ladrillo lisa, mostraba un aspecto aterrador. Dos torres más estrechas enmarcaban el resalte central, sobre el que se hallaba el escudo de armas.

Una rampa de acceso abovedada con un vestíbulo de dos naves que hacía las veces de terraza corría paralela al frontis del castillo. Una magnífica escalinata conducía a las dependencias de la planta principal. El interior de cada habitación presentaba el estilo esplendoroso del periodo medieval (los castillos de orden teutónico del este de Prusia, como el famoso castillo de Marienburg, sirvieron como modelo para esta disposición). Actualmente el interior del castillo no se encuentra en buen estado, pero ya se han iniciado las obras de restauración.

El castillo empezó a construirse en 1840. Como durante la fase de diseño Schinkel ya había mostrado los primeros síntomas serios de su enfermedad, delegó la construcción en su alumno Martius. Este se hizo cargo de la obra hasta su finalización en 1873 e introdujo algunas modificaciones particulares en el diseño de Schinkel una vez fallecido el arquitecto.

1839 · Iglesia de Petzow
Brandemburgo

Vista exterior.
La pequeña iglesia rural situada en el punto más alto de la finca de Petzow, a orillas del lago Schwielow, se eleva como un elemento ornamental que puede verse desde lejos. Desde un principio el campanario se concibió como un mirador.

Una de las últimas construcciones diseñadas por Schinkel antes de su grave enfermedad fue la iglesia del pequeño pueblo de Petzow. La finca ubicada a orillas del lago Schwielow, cerca de Potsdam, sigue existiendo hoy en día, considerada una *Gesamtkunstwerk* ('obra de arte total') junto con su jardín, diseñado por Peter Joseph Lenné, una casa solariega reconstruida en el estilo Tudor durante la década de 1820 y unos edificios residenciales arquitectónicamente ambiciosos. Es probable que Schinkel también diseñara el castillo y alguna de las construcciones residenciales. En 1839, Carl Friedrich August von Kaehne, el propietario de la casa solariega, manifestó su firme intención de finalizar el complejo con la construcción de una iglesia. Ubicada en una colina en medio del campo y pensada para los 200 feligreses de la casa, esta iglesia iba a constituir el punto culminante (en el sentido literal de la palabra) de la finca. Aunque el trabajo arquitectónico en sí no era especialmente importante, el propietario no podía esperar a ver su terreno convertido en un imponente jardín. Sus intenciones coincidían con las ideas artísticas del príncipe heredero prusiano, quien fomentó y encargó personalmente la construcción de instalaciones similares en distritos cercanos a Potsdam. Schinkel diseñó así una iglesia rural que, aunque de pequeño tamaño, constituía una construcción de elevado presupuesto. Al final el propietario logró que se aprobara el diseño de Schinkel, pese a las reticencias mostradas inicialmente por las autoridades.

Schinkel tenía pensado construir una iglesia y un campanario separados, y conectarlos mediante un arco transitable. Ya se habían trazado planos similares para la construcción de la iglesia de Santa Gertrudis de Berlín, mucho más urbana, en 1819. Schinkel había retomado igualmente su idea arquitectónica de 1828 de diseñar una «iglesia pequeña con una torre» y la había plasmado en una pequeña construcción. El largo proceso de planificación previa podría ponerse por fin en práctica en Petzow. Schinkel no solo logró un efecto altamente pintoresco con la iglesia, sino que el campanario también tenía la función de mirador desde el que contemplar los alrededores y al que se podía acceder independientemente de que la iglesia estuviera o no abierta. El simple ábside que despuntaba hacia el exterior también otorgaba una dignidad especial a la capilla, por lo demás sencilla.

El diseño interior era modesto, pero impactante. El suelo estaba cubierto de una especie de ladrillo ornamental. La hornacina del altar y el techo estaban pintados con tonos solemnes y el techo de vigas de madera reflejaba un diseño sencillo pero de buen gusto.

La iglesia de Petzow demuestra que Schinkel, pese a haber planificado y supervisado cientos de iglesias en su papel de funcionario, y haber diseñado magníficos palacios y catedrales, no había perdido en absoluto la habilidad de obtener un gran efecto con pocos recursos en construcciones más pequeñas.

Página contigua:
Interior, zona este.
Con un diseño sencillo pero armonioso, el interior de la iglesia rural de Petzow resulta imponente. La elección de los colores y el revestimiento del suelo con ladrillos otorgaban solemnidad a la sala.

Vida y obra

Karl Friedrich Schinkel a los 23 años.
Pintura realizada por J. Rößler, 1803.

1781 ▸ Nace en Neuruppin el 13 de abril.

1787 ▸ Incendio en Neuruppin. Su padre fallece.

1792–1794 ▸ Schinckel ingresa en un centro de secundaria de Neuruppin.

1794 ▸ Los Schinkel se trasladan a Berlín. Schinkel ingresa en el centro de secundaria Zum Grauen Kloster.

1797 ▸ El diseño del monumento a Federico II realizado por Friedrich Gilly expuesto en la Academia lo anima a ser arquitecto.

1798 ▸ Schinkel abandona el centro de secundaria y se convierte en alumno de David y Friedrich Gilly; traba una sólida amistad con Friedrich.

Página contigua:
Retrato de Karl Friedrich Schinkel.
Pintura realizada por Carl Friedrich Ludwig Schmid.

1799 ▸ Estudia en la recién fundada Academia de Arquitectura.

1800 ▸ Fallecimiento de su madre y de Friedrich Gilly. Schinkel termina los proyectos arquitectónicos de Gilly y deja la Academia. Primera obra: templo de Pomona en Pfingstberg.

1802 ▸ Reconstrucción del castillo de Buckow; diseños para la reconstrucción del castillo de Köstritz (no realizada). Escenografía de *Ifigenia en Aulis,* de Gluck (no realizada).

1803 ▸ Visita de estudio a Italia (pasando por Dresde, Praga, Viena y Trieste). Traba amistad con W. von Humboldt y J. A. Koch en Roma.

1804 ▸ Estancia en Roma, Nápoles y Sicilia. Planificación de una publicación sobre la arquitectura medieval en Italia (no realizada). Dibujos de paisajes y primer óleo.

1805 ▸ Regreso a Berlín vía Florencia, Milán, París, Estrasburgo y Weimar. Hasta 1815, periodo de realización de la mayoría de sus pinturas.

1806 ▸ Paralización de la construcción en Prusia tras la derrota frente a Napoleón. Schinkel empieza a trabajar en los dioramas y conoce a Susanne Berger, su futura esposa.

1808 ▸ Éxito del *Panorama de Palermo.* Diseño de la fábrica de cerámica Höhler y Feiner.

1809 ▸ Boda con Susanne. Solicitud de un puesto de arquitecto en la administración pública. Primeras litografías.

Retrato de Susanne Berger, esposa de Schinkel, hacia 1810–1813.

Contacto con la familia real a través de la exposición de sus dioramas. Encargo de la decoración del Palacio del Príncipe Heredero (llevada a cabo entre 1810 y 1811).

1810 ▶ Nacimiento de su hija Marie. Nombramiento como asesor arquitectónico en la administración pública. Diseño del mausoleo para la reina Luisa (no realizado).

1811 ▶ Nacimiento de su hija Susanne. Miembro de pleno derecho de la Real Academia de las Artes. Monumento para la reina Luisa en Gransee.

1812 ▶ Diseño de una academia de canto (no realizada). Realización del diorama *Gran incendio de Moscú*.

1813 ▶ Nacimiento de su hijo Raphael. Schinkel es reclutado para el ejército, pero se queda en Berlín. Diseño de la Cruz de Hierro. Composición de la pintura *Catedral gótica junto al río*. Derrota de Napoleón.

1814 ▶ Primera exposición de óleos. Planificación del monumento conmemorativo de las guerras de Liberación. Decoración de la celebración de la victoria en la puerta de Brandemburgo.

1815 ▶ Ascenso a máximo responsable de obras públicas. Dictamen «Fundamentos sobre el mantenimiento de monumentos y antigüedades de nuestro país». Escenografías para *La flauta mágica* (estrenada el 18 de enero de 1816). En 1834, Schinkel había diseñado ya el decorado de unas 40 obras.

1816 ▶ Planificación del edificio de la Nueva Guardia en el bulevar Unter den Linden. Dictamen sobre la terminación de la catedral de Colonia.

1817 ▶ Reconstrucción del interior de la catedral de Berlín (la construcción del exterior se prolongó hasta 1822). Primer plano urbano para la remodelación del centro de Berlín.

1818 ▶ Reconstrucción del Teatro Nacional de Berlín (hasta 1821); diseño del monumento de Kreuzberg (hasta 1821). Propuesta de reforma de la arquitectura estatal.

1819 ▶ Primer volumen de la *Sammlung Architektonischer Entwürfe* (Colección de diseños arquitectónicos; publicada hasta 1840). Diseño del puente del Castillo (construcción finalizada en 1824) y de la iglesia de Spittelmarkt (no realizada).

1820 ▶ Nombramiento como profesor de arquitectura, pero sin actividad docente. Remodelación del castillo de Tegel (finalizada en 1824) y del castillo de Neuhardenberg (1823).

1821 ▶ Proyecto de la iglesia de Friedrichswerder (construida entre 1824 y 1831). Inicio de la obra *Vorbilder für Fabrikanten und Handwerker* (Ejemplos para fabricantes y artesanos), publicada hasta 1837.

1822 ▶ Nacimiento de su hija Elisabeth. Diseño del museo en el Lustgarten (finalizado en 1830). Primer diseño del monumento a Federico II (no realizado). Construcción del pabellón de caza Antonin (finalizado en 1824).

1823 ▶ Planificación de la plaza Leipziger Platz y de la puerta de Potsdam. Nuevo dictamen para la catedral de Colonia (su construcción prosigue en 1826).

1824 ▶ Segundo viaje a Italia. Reconstrucción del castillo de Glienicke y del casino (hasta 1827); Casa de Caballeros en Pfaueninsel (isla Peacock; hasta 1826).

Los hijos del artista, 1820.

1825 ► Miembro honorífico de la Accademia di San Luca de Roma. Diseño de la Gesellschaftshaus de Magdeburg (finalizada en 1829). Composición de la pintura *Vista del florecimiento de Grecia*.

1826 ► Viaje a París y a Inglaterra. Diseño del Neuer Packhof en el río Kupfergraben. Diseño de la iglesia de San Nicolás en Potsdam (finalizada en 1849).

1827 ► Diseño de unos grandes almacenes en Unter den Linden (no realizado); diseño de una «iglesia normal» como modelo para construir iglesias rurales más pequeñas.

1828 ► Diseño del palacio Redern en la Pariser Platz (hasta 1830).

1829 ► Diseño para la reconstrucción del palacio del príncipe Alberto en Wilhelmstrasse (finalizada en 1833). Diseño de la casa del jardinero de la corte en Sanssouci (finalizada en 1830).

1830 ► Nombramiento como máximo responsable de obras civiles y regias. Diseño de la casa de campo de Jenisch cerca de Hamburgo (realización modificada; construcción llevada a cabo hasta 1833).

1831 ► Diseño de la Academia de Arquitectura (finalizada en 1836, posteriormente destruida) y el cuartel de Dresde (finalizado en 1833).

1832 ► Diseño de cuatro iglesias en la periferia de Berlín: Santa Isabel, San Pablo, San Juan y la iglesia de Nazaret (construcción llevada a cabo hasta 1835).

1833 ► Diseño de los Baños romanos de Sanssouci (finalizados en 1836) y diseño del castillo de Babelsberg (finalizada en 1835).

1834 ► Propuesta de creación de un parque natural. Diseño de un palacio real sobre la Acrópolis para el rey griego Otto de Baviera (no realizado).

1835 ► Diseño de una residencia para un príncipe, último capítulo del manual de arquitectura (que quedó inconcluso).

1836 ► Diseños para la reconstrucción del castillo y la iglesia de Erdmannsdorf (finalizados en 1838 y 1840, respectivamente).

1837 ► Diseño del castillo de Werky, cerca de Vilna. Diseño del teatro de Gotha (modificado y terminado en 1840).

1838 ► Nombramiento como director nacional de obras públicas. Diseño del castillo de Kamenz (modificado y terminado en 1873). Diseño del castillo de Orianda en Crimea (no realizado). Publicación de la primera monografía de Schinkel, escrita por Franz Kugler.

1839 ► Dictamen sobre la iglesia de la abadía de Berlín y la iglesia de San Nicolás en Spandau. Aparición de los primeros síntomas de parálisis.

1840 ► Planificación de una nueva exposición de panoramas. 9 de septiembre: primer derrame cerebral e inicio de una pérdida de conocimiento paulatina.

1841 ► 9 de octubre: fallecimiento de Schinkel en sus dependencias de la Academia de Arquitectura.

1842 ► Adquisición del legado de Schinkel por parte del rey Guillermo IV. Este material constituye la base para el Museo de Schinkel construido en 1844 en su antigua residencia oficial.

Castillo de Glienicke	**Castillo de Babelsberg**
Berlin-Wannsee	Potsdam
Iglesia	**Castillo de Kamenz**
Petzow	Polonia
Castillo de Charlottenhof	**Palacio real sobre la Acrópolis**
Potsdam	Grecia
Templo de Pomona	**Castillo de Orianda/Yalta**
Potsdam	Ucrania

Berlín

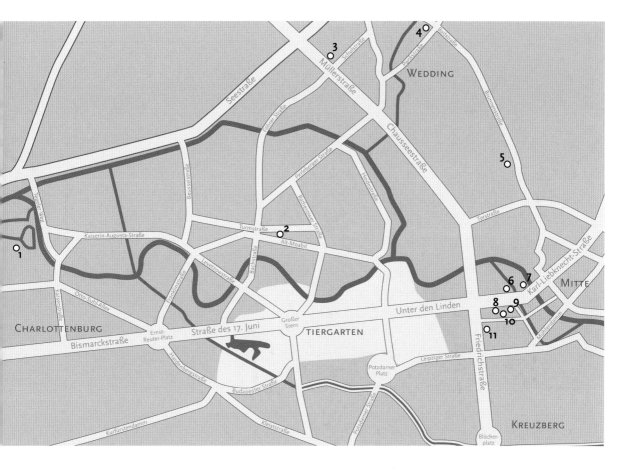

1. **Nuevo Pabellón (Pabellón Schinkel)**
Castillo de Charlottemburgo

2. **Iglesia de San Juan**
Alt-Moabit, 25

3. **Iglesia de Nazaret**
Leopoldplatz

4. **Iglesia de San Pablo**
Badstraße, 50

5. **Iglesia de Santa Isabel**
Invalidenstraße, 3

6. **Edificio de la Nueva Guardia**
Unter den Linden, 4

7. **Altes Museum**
Lustgarten

8. **Iglesia de Friedrichswerder**
Werderscher Markt

9. **Puente del Castillo**
Unter den Linden

10. **Academia de Arquitectura**
Werderscher Markt

11. **Teatro Nacional**
Gendarmenmarkt

Bibliografía

Créditos fotográficos

▸ La obra completa de Schinkel, titulada *Karl Friedrich Schinkel: vida y obra*, consta de 22 volúmenes. Esta colección, iniciada por la Academia de Arquitectura de Berlín y continuada por Paul Ortwin Rave, está editada por Margarete Kühn. En ella se incluyen los siguientes títulos:
Peschken, Goerd. *Das Architektonische Lehrbuch.* Berlín/Múnich: 1979.
Rave, Paul Ortwin. *Berlin. Erster Teil: Bauten für die Kunst, Kirchen und Denkmalpflege.* Berlín: 1942.
Rave, Paul Ortwin. *Berlin. Zweiter Teil: Stadtbaupläne, Brücken, Straßen, Tore, Plätze.* Berlín: 1948.
Rave, Paul Ortwin. *Berlin. Dritter Teil: Bauten für die Wissenschaft, Verwaltung, Heer, Wohnbau und Denkmäler.* Berlín: 1962.

▸ Bergdoll, Barry. *Karl Friedrich Schinkel.* Múnich: Preußens berühmtester Baumeister, 1994.
▸ Bernhard Maaz (ed.). *Die Friedrichswerdersche Kirche. Schinkels Werk.* Berlín: Wirkung und Welt, 2001.
▸ Börsch-Supan, Helmut. *Karl Friedrich Schinkel, Bühnenentwürfe/Stage Designs.* Berlín: Ernst und Sohn, 1990.
▸ Forssman, Erik. *Karl Friedrich Schinkel.* Múnich: Bauwerke und Baugedanken, 1981.
▸ Hedinger, Bärbel/Berger, Julia (eds.). *Karl Friedrich Schinkel, Möbel und Interieur.* Múnich/Berlín: Deutscher Kunstverlag, 2002.
▸ Haus, Andreas. *Karl Friedrich Schinkel als Künstler.* Múnich/Berlín: Annäherung und Kommentar, 2001.
▸ Philipp, Klaus Jan. *Karl Friedrich Schinkel. Späte Projekte/Late Projects.* Stuttgart/Londres: 2000.
▸ Schinkel, Karl Friedrich. *Sammlung architektonischer Entwürfe* – Collection of Architectural Designs (reimpresión). Chicago: 1981.
▸ Snodin, Michael (ed.). *Karl Friedrich Schinkel. A Universal Man.* New Haven/Londres: 1991.